PORTUGUÊS
INSTRUMENTAL

MAGDA MULATI GARDELLI

PORTUGUÊS
INSTRUMENTAL

Como escrever adequadamente um
texto na variante culta da língua

Freitas Bastos Editora

Copyright © 2023 by Magda Mulati Gardelli.
Todos os direitos reservados e protegidos pela Lei 9.610, de 19.2.1998.
É proibida a reprodução total ou parcial, por quaisquer meios,
bem como a produção de apostilas, sem autorização prévia,
por escrito, da Editora.

Direitos exclusivos da edição e distribuição em língua portuguesa:
Maria Augusta Delgado Livraria, Distribuidora e Editora

Direção Editorial: *Isaac D. Abulafia*
Gerência Editorial: *Marisol Soto*
Diagramação e Capa: *Julianne P. Costa*

Dados Internacionais de Catalogação na Publicação (CIP) de acordo com ISBD

G218p	Gardelli, Magda Mulati Português Instrumental: como escrever adequadamente um texto na variante culta da língua / Magda Mulati Gardelli. - Rio de Janeiro, RJ : Freitas Bastos, 2023. 212 p. ; 15,5cm x 23cm. Inclui bibliografia. ISBN: 978-65-5675-337-9 1. Língua portuguesa. 2. Coesão e coerência. 3. Gramática. 4. Produção de texto. 5. Vocabulário. 6. Sintaxe. 7. Crase. 8. Texto acadêmico. 9. Texto científico. 10. Norma culta. 11. Regência. 12. Concordância. I. Título.
2023-2508	CDD 469 CDU 81

Elaborado por Odilio Hilario Moreira Junior - CRB-8/9949
Índices para catálogo sistemático:
1. Língua portuguesa 469
2. Língua portuguesa 81

Freitas Bastos Editora
atendimento@freitasbastos.com
www.freitasbastos.com

ALGUMAS PALAVRAS DA AUTORA...

Como bacharel e licenciada em Língua Portuguesa e professora desde 1987, tenho acompanhando o desenvolvimento do ensino de Língua Materna nos últimos anos. Avançamos muito com a contribuição da linguística nos estudos sobre a variação linguística, mas ainda precisamos avançar mais em relação ao preconceito linguístico que ainda é muito forte no ambiente profissional.

Apesar de compreendermos os vários falares e sabermos que a variante da norma culta da Língua Portuguesa não é a única, ela ainda é a solicitada em comunicação de contextos formais, principalmente em determinadas áreas de trabalho. Além disso, é a língua oficial da legislação brasileira, a qual temos de entender e respeitar.

A partir dessa perspectiva, temos como objetivo, neste livro, auxiliar as pessoas, de um modo geral, a compreender como podem escrever textos na norma culta padrão em contextos formais.

Não se pretende aqui fazer um estudo teórico profundo sobre o assunto e nem formar bacharéis em Língua. Por isso, reservamo-nos o direito de utilizar uma linguagem acessível e didática e trazer conteúdos que auxiliem na compreensão de como escrever adequadamente de acordo com o contexto em que seja necessária a variante da norma culta.

Como metodologia de estudo, sugiro que você leia o capítulo e vá ao final do livro para fazer os exercícios e se autoavaliar com a correção comentada. Além disso, que aproveite o aprendizado para aplicar no seu cotidiano do trabalho ou da vida acadêmica.

Os melhores exercícios para a aprendizagem eficiente são a prática constante e a autoavaliação. Praticar e avaliar o resultado de acordo com critérios preestabelecidos são processos imprescindíveis para o aprendizado.

Espero que ao final, você se sinta mais seguro ao utilizar a norma culta ou saiba onde e como pesquisar suas dificuldades.

SUMÁRIO

ALGUMAS PALAVRAS DA AUTORA..................................5

CAPÍTULO 1
VAMOS FAZER UMA REFLEXÃO: POR QUE A GRAMÁTICA DA MORFOSSINTAXE É IMPORTANTE PARA A REDAÇÃO NA VARIANTE CULTA DA LÍNGUA?.......................................11

1.1 - Quais são os princípios e fundamentos da língua portuguesa na gramática?................................. 14
1.2 - Qual é o processo de aquisição da linguagem? A concepção da gramática inatista de Chomsky............ 15
1.3 - O idioma e sua estrutura.......................................17

CAPÍTULO 2
ALGUNS CONCEITOS GRAMATICAIS ESSENCIAIS – CLASSE DE PALAVRAS..........................19

2.1 - Grupo dos nomes (palavras variáveis) – artigo, substantivo, adjetivo, pronome, numeral 20
2.1.1 - Artigos 21
2.1.2 - Substantivos e adjetivos 22
2.1.3 - Pronomes 24
2.1.4 - Numerais 27
2.1.5 - Verbos 28
2.1.6 - Palavras invariáveis – conjunção, preposição, advérbio 33

CAPÍTULO 3
A FRASE COMO PONTO DE PARTIDA 41
3.1 - Conceito de frase, oração e período 43
3.2 - Estrutura da oração no período simples 47
   3.2.1 - Sujeito e predicado 47
3.3 - Composição dos Períodos 50
   3.3.1 - Período composto por coordenação 50
      3.3.1.1 - Tipos de orações coordenadas 52
   3.3.2 - Período composto por subordinação 52
      3.3.2.1 - Tipos de orações subordinadas 53
3.4 - Uso da pontuação – vírgula, ponto final, dois pontos e ponto e vírgula 55
   3.4.1 - Ponto 56
   3.4.2 - Ponto de exclamação 56
   3.4.3 - Ponto de interrogação 57
   3.4.4 - Dois pontos 57
   3.4.5 - Reticências 58
   3.4.6 - Vírgula 58
      3.4.6.1 - Vírgula e o período simples 59
      3.4.6.2 - Vírgulas – Períodos compostos 62

CAPÍTULO 4
PRODUÇÃO DE TEXTO 69
4.1 - Estrutura do texto: vocabulário, frase, parágrafos 69
   4.1.1 - Vocabulário 69
      4.1.1.1 - Significado e uso de certas palavras e expressões 71
   4.1.2 - Parágrafo 74
4.2 - Coesão e coerência textuais 81
   4.2.1 - Fatores de coerência textual 82
   4.2.2 - Fatores de coesão textual 83
      4.2.2.1 - Mecanismos e tipos de coesão textual 84
4.3 - Escrita de redação 87

CAPÍTULO 5
SINTAXE DE CONCORDÂNCIA 93

5.1 - Concordância verbal 93
5.1.1 - Tipos de sujeito 94
5.1.2 Tipos de concordância verbal 95
5.2 - Sintaxe da Concordância Nominal 108
5.3 - Palavras e sintagmas a serviço do texto 112
5.3.1 Tipos de Concordância Nominal 113

CAPÍTULO 6
SINTAXE DE REGÊNCIA..119
6.1 - Regência Nominal 120
6.2 - Regência verbal 121
6.3 - Crase 122

CAPÍTULO 7
A PRODUÇÃO DE TEXTO DE ACORDO COM O CONTEXTO..131
7.1 - Gênero de texto 131
7.1.1 - Tipo Narrativo 134
7.1.2 - Tipo Descritivo 137
7.1.3 - Tipo Dissertativo 139
7.2 - Produção de texto administrativo 140
7.2.1 - Gêneros dos atos administrativos 140
7.2.1.1 - Ofício 140
7.2.1.2 - Memorando 141
7.2.1.3 - Edital 142
7.2.1.4 - Ata 142
7.2.1.5 - Atestado 145
7.2.1.6 - Certidão 145
7.2.1.7 - Portaria 145
7.2.1.8 - Relatório 146
7.2.1.9 - Requerimento 147
7.3 - Gênero acadêmicos 150
7.3.1 - Artigo científico 151
7.3.2 - Resenha crítica 152
7.3.3 - Monografia 153
7.3.4 - Tese e dissertação 154

CAPÍTULO 8
ALGUMAS DIFICULDADES MAIS FREQUENTES NO USO DA LÍNGUA PORTUGUESA NA VARIANTE DA NORMA CULTA PADRÃO 157

   8.1 - Uso dos pronomes – colocação pronominal e pronomes relativos.. 157
      8.1.1 - Uso dos pronomes oblíquos átonos 159
         8.1.1.1 - Próclise 159
         8.1.1.2 - Ênclise 161
         8.1.1.3 - Casos com locução verbal 161
         8.1.1.4 - Mesóclise 162
      8.1.2 - Pronomes relativos 165
   8.2 - Uso de algumas palavras ou expressões 167
      8.2.1 - MESMO 167
      8.2.2 - ANEXO e INCLUSO 168
      8.2.3 - QUITE 169
      8.2.4 - OBRIGADO ou OBRIGADA 169
      8.2.5 - MUITO, POUCO, BASTANTE 170
      8.2.6 - CARO e BARATO 170
      8.2.7 - MEIO 171
      8.2.8 - É BOM, É NECESSÁRIO, É PROIBIDO, É PRECISO 171
      8.2.9 - MENOS 172
      8.2.10 - AO ENCONTRO DE ou DE ENCONTRO A? .. 172
   8.3 - USO DOS PORQUÊS 173

CAPÍTULO 9
EXERCÍCIOS PARA PRATICAR 177

CAPÍTULO 10
SOLUÇÃO COMENTADA DOS EXERCÍCIOS 185

REFERÊNCIAS BIBLIOGRÁFICAS 211

CAPÍTULO 1

VAMOS FAZER UMA REFLEXÃO: POR QUE A GRAMÁTICA DA MORFOSSINTAXE É IMPORTANTE PARA A REDAÇÃO NA VARIANTE CULTA DA LÍNGUA?

O ser humano necessita da comunicação para viver em sociedade, pois permite que as pessoas se conectem, se entendam e construam relacionamentos. Comunicação é a troca de informações, ideias, sentimentos ou significados entre duas ou mais pessoas. Ela ocorre por meio da linguagem que pode ser oral, por escrito, por meio de gestos, expressões faciais ou sinais.

As concepções da linguagem foram sendo desenvolvidas durante a história. São elas:

a) **linguagem como expressão de pensamento**: essa concepção que remonta a Grécia antiga enfatiza o papel da linguagem como um meio de expressar pensamentos e ideias como um reflexo da mente humana. Nesse sentido, acreditava-se que as pessoas não se expressavam bem, porque não pensavam. Não se considerava a interação entre quem fazia a comunicação e quem a recebia. (emissor e receptor)

b) **linguagem como instrumento de comunicação**: essa concepção enfatiza o papel da linguagem como meio de comunicação entre as pessoas. Nessa visão, a linguagem é vista como um instrumento que permite que os falantes se comuniquem entre si, compartilhando informações, ideias e emoções.

Conceitos

O linguista russo Roman Jakobson. Ele elaborou a estrutura da comunicação a partir dos fatores (JAKOBSON, 2007, p. 19)[1]:
- emissor - aquele que emite a mensagem;
- receptor - aquele que recebe a mensagem;
- mensagem - o conteúdo da comunicação;
- código - forma da comunicação – verbal, por sinais, por símbolos etc.;
- contexto - situação da comunicação.

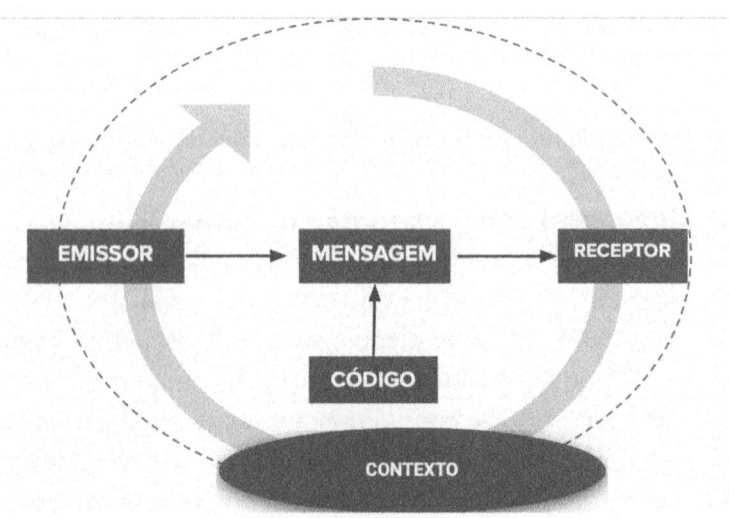

Fonte: elaborado pela autora

---

[1] Jakobson, R. *Linguística e Comunicação*. 24ª ed. São Paulo. Ed. Cultrix, 2007.

Como se nota na figura, essa estrutura é circular, o que propõe que para uma comunicação efetiva a mensagem deve ser compreendida. Além disso, os papéis de emissor e receptor podem ser alternados.

c) **linguagem como processo de interação verbal**: na década de 1980 essa concepção ganha relevância com os estudos de M. Bakhtin. Ele aponta que para efetivação da comunicação existe a necessidade da interação entre quem emite a mensagem (enunciador) e quem recebe (enunciatário) e deve-se considerar o contexto em que ela ocorre.

Conceitos

A partir dessa visão da linguagem como instrumento de interação surgem outros estudos como os de Émile Benveniste com a teoria da enunciação[2]. A estrutura da enunciação é formada pelo enunciador (emissor), enunciatário (receptor) enunciado (mensagem) e enunciação (o ato de criação do enunciado). Essa teoria apoia-se no fato de que para que ocorra a interação faz-se necessário que fatores sejam considerados pelo enunciador.

---

[2] BENVENISTE, E. *Problemas da linguística Geral*. São Paulo: Companhia da Ed. Nacional, 1976.

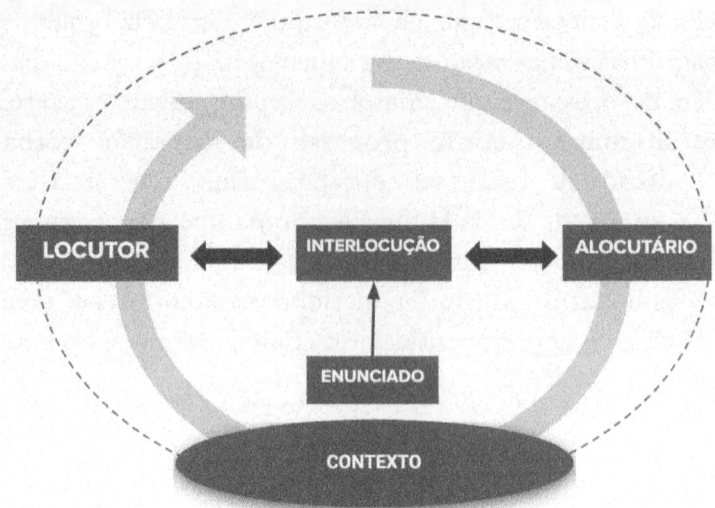
Fonte: elaborado pela autora

Em nossos estudos, vamos considerar o código linguístico como instrumento de interação verbal em contexto cuja norma culta seja a adequada à sua utilização. Para tanto, vamos refletir sobre o idioma e as regras da gramática normativa.

1.1 - Quais são os princípios e fundamentos da língua portuguesa na gramática?

Os princípios fundamentais da língua portuguesa são as regras que orientam a construção das frases e a comunicação entre as pessoas. Alguns desses princípios são:

a) **Fonologia**: é o estudo dos sons das línguas e como esses sons são organizados em sistemas sonoros. Isso inclui a análise dos sons individuais, chamados fonemas, e como eles são combinados para formar palavras e frases.

b) **Morfologia**: é o ramo da linguística que se concentra na análise da forma das palavras, incluindo sua composição, flexão, derivação e classificação gramatical.

c) **Sintaxe**: parte que estuda a estrutura das frases e a forma como as palavras são organizadas para formar uma sentença coerente em uma determinada língua.
d) **Semântica**: é o estudo do significado das palavras e da relação que elas estabelecem entre si. É importante conhecer a semântica para evitar ambiguidades e compreender o sentido das frases.
e) **Estilística**: a estilística é o uso adequado dos recursos linguísticos para expressar as ideias de forma clara, precisa e elegante. Isso envolve o uso correto da gramática, a escolha das palavras, a construção das frases, entre outros.
f) **Pragmática**: o uso da língua em situações reais de comunicação e as regras sociais que governam essa interação. Nesse campo temos a variação linguística que trata do uso da língua falada em diferentes regiões e países, o que pode gerar variações na pronúncia, no vocabulário e na gramática. É importante reconhecer e respeitar essas variações para se comunicar com eficiência e evitar preconceitos linguísticos (Bagno: 1999).

1.2 - Qual é o processo de aquisição da linguagem? A concepção da gramática inatista de Chomsky

O processo de aquisição da linguagem envolve a aprendizagem de diferentes sistemas linguísticos, que são o pragmático, o fonológico, o semântico e o gramatical, como vimos.

Segundo a concepção inatista de Chomsky, os seres humanos possuem uma habilidade inata para adquirir e usar a linguagem. De acordo com essa teoria, os **seres humanos nascem com uma estrutura cerebral pré-programada para aprender a língua**, e a exposição à linguagem é apenas um estímulo que desencadeia esse processo.

Chomsky argumenta que a **capacidade inata** de adquirir a linguagem é universal entre os seres humanos, independentemente de sua cultura ou ambiente. Ele propôs que essa capacidade é inerente à biologia humana e está relacionada a uma região específica do cérebro, conhecida como "módulo da linguagem".

Essa teoria desafia a visão behaviorista tradicional de que a linguagem é aprendida exclusivamente por meio da experiência e do condicionamento. Em vez disso, Chomsky argumenta que **a habilidade de aprender e usar a linguagem é um aspecto fundamental da natureza humana.**

Essa teoria também enfatiza a importância da gramática universal, que é um conjunto de princípios e regras inatas que todas as línguas humanas compartilham. Segundo Chomsky, a gramática universal é o que permite que as crianças aprendam a língua tão rapidamente e com tanta facilidade.

Adaptamos no diagrama a seguir, de uma maneira bem simples, como o pensamento de Chomsky aponta da estrutura da língua.

Um **verbo** é uma palavra que **expressa uma ação**, um estado ou um processo que ocorre na frase. Ele indica o que alguém ou algo está fazendo, como "correr", "pular", "falar" ou "dormir". Os verbos podem ser conjugados em diferentes tempos e formas para indicar o momento em que a ação ocorre e quem está realizando a ação. Por exemplo, "eu corro" indica uma ação no presente, enquanto "ela correu" indica uma ação no passado. Em resumo, o verbo é uma palavra que descreve uma ação ou um estado em uma frase e é a ideia central de uma oração.

É importante destacar que quando Chomsky fez estes estudos sobre a gramática gerativa não se preocupou em estabelecer as relações entre a linguagem e o mundo, desconsiderando o sistema pragmático que envolve o uso da linguagem em contextos sociais e interativos, incluindo habilidades como a compreensão de intenções comunicativas, a inferência de significados implícitos e a adaptação da linguagem de acordo com a situação e o interlocutor. Por isso, Chomsky deu importância às propriedades formais da língua e à natureza das regras exigidas para a sua descrição.

1.3 - O idioma e sua estrutura

Os idiomas, em geral, são constituídos por palavras que se organizam dentro de uma lógica comunicativa em **frases** e **orações**.

As palavras dão **nomes e características** às coisas do mundo: objetos, fatos, sentimentos. Elas também exprimem **ação e estado** referentes ao mundo que nos cerca. E para que haja conexão entre elas, existem as palavras que **ligam todas elas**. A gramática separa estas palavras em classes, de acordo com a função morfológica que tem na frase. Isso é a **morfologia**.

Mas só conhecer as palavras não é suficiente para se conhecer um idioma. Isso porque as palavras não são ditas ou escritas aleatoriamente. Existe uma sintaxe em sua organização.

Imagine a situação nesse diálogo a seguir:

— *parque vai lindo amanhã você ao.*
— *mas vou eu poder amanhã trabalhar gostaria ir.*

É um diálogo que para compreendermos temos de organizar as palavras em uma lógica, não é? Essa organização é a **sintaxe**.

Por essa razão, surgem os estudos da morfossintaxe, porque a classificação morfológica que organiza as classes de palavras é adequada às funções sintáticas em que estão sendo empregadas. Ter esse conhecimento é fundamental para entender a estrutura e formação de uma frase, oração ou período dentro da norma culta da língua.

CAPÍTULO 2

ALGUNS CONCEITOS GRAMATICAIS ESSENCIAIS – CLASSE DE PALAVRAS

Para escrevermos na norma culta temos de compreender as relações morfossintáticas. Mas o que tem a ver a gramática com a morfossintaxe?

A **gramática** corresponde aos **estudos** realizados a respeito das **regularidades, regras e estratégias** da formação da língua. Há um mito a respeito do assunto em que se compreende a gramática como o único manual da escrita. Todavia, isso não é totalmente verdade. Ela é um dos manuais da escrita e especificamente da escrita na variante culta da língua.

A Gramática normativa faz os estudos divididos em partes: **fonética, morfologia, sintaxe e semântica**. Cada uma possui um objetivo bastante específico e resulta em trabalhos distintos no que se refere ao ensino ou estudo da língua[3].

Neste capítulo, vamos estudar sobre a **classe das palavras** que faz parte do campo da morfologia.

Para entender didaticamente o assunto, precisamos compreender o conceito do que é **variável** e **invariável** no campo da língua, a saber:
- **variável** – que pode ser mudado;
- **invariável** – que não pode ser mudado.

---

[3] Veja mais sobre o assunto no capítulo 1, tópico 1.3 - Por que aprender a gramática.

Na língua portuguesa, basicamente, as **palavras variáveis** podem mudar em relação[4]:
- **ao gênero** – masculino e feminino;
- **ao número** – singular e plural;
- **ao grau** – aumentativo e diminutivo;
- **à pessoa** – eu, tu, você, ele, nós, vós, vocês, eles;
- **ao tempo** – passado, presente, futuro.

Para compreendermos a metodologia usada na apresentação dos conceitos e regras da norma, separamos as palavras em 3 grupos.

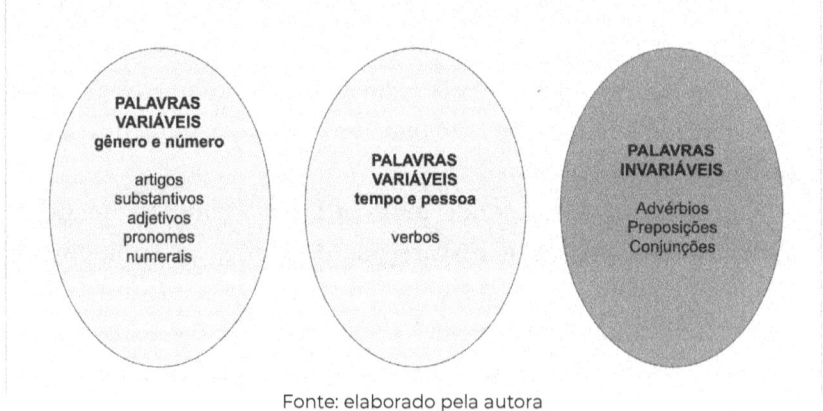

Fonte: elaborado pela autora

Vamos ao primeiro grupo!

2.1 - Grupo dos nomes (palavras variáveis) – artigo, substantivo, adjetivo, pronome, numeral

Este grupo é composto por palavras que podem variar em gênero e número.

---

[4] Temos a variação de **modo** verbal – indicativo, subjuntivo, imperativo; **modos nominais dos verbos** – infinitivo, gerúndio e particípio – esse assunto será mais aprofundado no tópico de verbos.

> **?**
>
> **Por que estudar isso?** Esse conhecimento vai ajudar você a identificar situações na produção de texto em aspectos como **concordância nominal, regência, ocorrência de crase, coesão e coerência.**

Não precisamos saber muito sobre a qual classe a palavra pertence para identificar se ela faz parte desse grupo. Para identificarmos se a palavra é variável e pertence a esse grupo **a dica** é: podem variar de gênero? Podem ser palavras masculinas ou femininas?

Todas as palavras que estão nesse grupo ou são masculinas ou femininas e para reconhecer o gênero, recorremos ao uso dos artigos. Então, saber quais são os artigos em Língua Portuguesa é muito importante. E essa será a primeira classe de palavras que estudaremos.

2.1.1 - Artigos

São as palavras que estão ligadas ao substantivo e que podem identificar o seu gênero e número. Podem ser determinados e indeterminados: Eles são[5]:

- artigos masculinos determinados – o – os
- artigos femininos determinados – a – as
- artigos masculinos indeterminados – um – uns
- artigos femininos indeterminados – uma – umas

---

[5] BECHARA, E. *Moderna Gramática Brasileira*. 34ª ed. São Paulo: Companhia Editora Nacional, 1992.

> **Vamos pensar!**
> Qual é o gênero da palavra lápis? Pense! Qual dos artigos acima você usa ao lado dessa palavra?
> Como saber se a palavra lápis está no plural ou singular?

Você pode ter respondido que o contexto do discurso pode sinalizar tudo isso. E está certo! Se a palavra lápis está dentro do contexto a seguir, fica fácil responder as perguntas.

Ex.: Por favor, pegue **os** lápis **amarelos** *que* **estão** *sobre a mesa.*

Fica fácil entender que são vários lápis e que esta é uma palavra masculina. Essa constatação é marcada pelo artigo '**os**' que é masculino e está no plural. Observe que o adjetivo **amarelos** está concordando com o substantivo **lápis** e o verbo **estão** também concorda com o plural lápis.

Ela poderia estar no singular:

Ex.: Por favor, pegue **o** lápis **amarelo** *que* **está** *sobre a mesa.*

Veja que nesse caso o artigo determina que é **lápis** no singular, consequentemente o adjetivo **amarelo** e o verbo ficam no singular.

Bem, então agora vamos ver o que são substantivos e adjetivos?

2.1.2 - Substantivos e adjetivos

Os substantivos e os adjetivos são palavras que fazem parte do grupo das palavras variáveis em gênero e número.

a) **Substantivos** – são as palavras que **nomeiam as coisas do mundo**: pessoas, animais, coisas, lugares, ideias ou conceitos abstratos. Além de outras classificações podem ser divididas em comuns (que se referem a seres sem especificidade) ou próprias (que se referem a seres específicos). Exemplos de substantivos comuns são: casa, mesa, cachorro, felicidade.

Exemplos de substantivos próprios são: Brasil, Itália, Maria, José.

b) **Adjetivos** – são as palavras que **qualificam os substantivos**. Estas palavras denotam qualidade, condição ou estado do ser. Ex.: **corajoso, bonito, amarelo, alto**. Podem estar em uma locução adjetiva, quando usa duas palavras: preposição + adjetivo. Ex.: Homem **de coragem**[6].

Dica

Palavras que estão **acompanhadas de artigo** são **substantivos**. Ex.: a palavra azul é um adjetivo, pois qualifica com cor um substantivo: "O **céu azul** traz tranquilidade ao coração». Todavia, quando está acompanhada de um artigo é um substantivo: "**O azul** traz tranquilidade ao coração."

Vamos pensar?
Leia o trecho a seguir e identifique as palavras que estão sendo utilizadas tanto como substantivos quanto como adjetivos.
"Eu tenho dois gatos: um gato preto e um gato marrom. O preto é um gato doce e amoroso. O marrom é um gato divertido e bagunceiro."

---

[6] Bechara, E. *Moderna Gramática Brasileira*. 34ª ed. São Paulo: Companhia Editora Nacional, 1992.

Se entendeu bem a dica dada anteriormente, pode perceber que as palavras preto e marrom foram utilizadas tanto como substantivo como adjetivo, não é? Primeiro, são as características de cor dos gatos e depois, quando acompanhados pelo artigo, tornam-se substantivos. "**O** preto é um gato doce e amoroso. **O** marrom é um gato divertido e bagunceiro."

A isso chamamos de **substantivação** do adjetivo porque ele é transformado em um substantivo, geralmente adicionando um artigo definido ou indefinido. Isso é feito para atribuir uma qualidade específica a um objeto, pessoa ou conceito e usá-lo como um nome em si mesmo.

O adjetivo "verde" pode ser substantivado como "o verde" ou "um verde", dando-lhe uma qualidade definida e usá-lo como um nome. Outro exemplo seria o adjetivo "pobre", que pode ser substantivado como "os pobres" ou "um pobre", referindo-se às pessoas e sua condição econômica.

Além dos substantivos e adjetivos temos outras palavras que fazem parte do grupo das palavras variáveis em gênero e número.

Vamos ver?

2.1.3 - Pronomes

Os pronomes são palavras que pertencem ao grupo das palavras variáveis. Eles substituem um substantivo ou um conjunto de substantivos, evitando a repetição desses termos na mesma frase ou texto. Eles são usados para referir-se a pessoas, animais, objetos, lugares, ideias e coisas sem repetir seus nomes.

Existem diferentes tipos de pronomes, incluindo os pessoais (eu, tu, ele, ela, nós, vós, eles, elas), os possessivos (meu, seu, dele, dela, nosso, vosso, deles, delas), os demonstrativos (este, esse, aquele), os relativos (que, quem, cujo, onde), os indefinidos (algum, nenhum, todo, outro, cada, qualquer), entre outros.

Por que estudar isso?
Esse conhecimento pode ser muito útil na produção de texto em relação à coesão textual para evitar as repetições nos textos. Além disso, permitem a comunicação de forma mais clara e concisa, evitando a repetição excessiva de palavras e dando fluidez à comunicação escrita ou falada.

Essa tabela a seguir mostra quais são os **pronomes pessoais e possessivos** e as respectivas pessoas a que pertencem. As pessoas do discurso são três: 1ª pessoa – quem fala, 2ª pessoa – com quem se fala, 3ª pessoa – de quem se fala. Para uma escrita de acordo com a norma culta, há de se atentar a pessoa do discurso. (1ª, 2ª, 3ª pessoas do singular ou plural).

Pronomes pessoais e possessivos

Pessoas do discurso	pronomes do caso reto	pronomes do caso oblíquo	pronomes possessivos
1ª pessoa do singular	Eu	me, mim, comigo	meu(s), minha(s)
1ª pessoa do singular	Tu	te, ti, contigo	teu(s), tua(s)
1ª pessoa do singular	Ele/Ela	o, a, lhe, se, lhe, consigo	seu(s), sua(s)

Pessoas do discurso	pronomes do caso reto	pronomes do caso oblíquo	pronomes possessivos
1ª pessoa do plural	Nós	nos, conosco	nosso(s), nossa(s)
1ª pessoa do singular	Vós	vos, convosco	vosso(s), vossa(s)
1ª pessoa do singular	Eles/Elas	os, as, lhes, se, lhes, consigo	seu(s), sua(s)

Nessa outra tabela a seguir, apresentamos os **pronomes demonstrativos**. Eles são usados para indicar a posição ou a distância de um elemento em relação às pessoas que falam.

Pronomes demonstrativos

pronomes variáveis	pronomes invariáveis
este, estes, esta, estas	isto
esse, esses, essa, essas.	isso
aquele, aqueles, aquela, aquelas.	aquilo

Curiosidade
Os pronomes podem se juntar às preposições em algumas situações. Veja alguns casos:
- desse = de+esse
- dessa = de+essa
- disso= de+isso
- naquele = em+aquele
- nesse = em+esse

E outros mais...

> **Vamos pensar?**
> Quando usamos **este** ou **esse** quando estão no texto escrito?
> **esse ou essa** – usamos quando estamos nos referindo a algo que já foi dito no texto.
> Ex.: As provas foram realizadas no auditório. **Essa** decisão ocorreu porque a sala de aula estava danificada pelas chuvas.
> **Essa decisão: a decisão de realizar as provas no auditório.**
>
> **este ou esta** – usamos em duas situações:
> • quando a referência está após o pronome.
> Ex.: As provas foram realizadas no auditório. **Estas avaliações** estavam previstas desde dezembro.
> • quando está se referindo a duas pessoas ou coisas.
> Ex.: João e Paulo estavam em frente à escola. **Este** aguarda o ônibus e aquele seu pai.
> **Este – se refere ao Paulo.**

2.1.4 - Numerais

Os numerais são palavras que representam números. Eles podem ser usados para indicar a quantidade ou a ordem de algo. Existem diferentes **tipos de numerais**, como os **cardinais, ordinais, multiplicativos** e **fracionários**.

    a) **numerais cardinais** são aqueles que indicam uma quantidade específica, como «um», «dois», «três», «quatro" etc.

b) **numerais ordinais** indicam a posição ou a ordem de algo em uma sequência, como "primeiro", "segundo", "terceiro", "quarto" etc.
c) **numerais multiplicativos** indicam quantas vezes um número é multiplicado por si mesmo, como "duplo" (2 vezes), "triplo" (3 vezes), "quádruplo" (4 vezes) etc.
d) **numerais fracionários** indicam uma parte de um inteiro, como "meio" (1/2), "terço" (1/3), "quarto" (1/4) etc.

Os numerais são uma parte importante da linguagem e são usados em diversas situações, desde a contagem de objetos até a indicação de datas e horas, por exemplo.

> **Curiosidade**
> Quando estamos nos referindo a horas, minutos e segundos, temos de observar a abreviação correta.
> Ex.: A reunião realizar-se-á às 8h30min.
> Não é necessário colocar minutos, quando a hora for inteira.
> Ex.: O encontro foi às 8h.

2.1.5 - Verbos

São palavras que expressam ações, estados, processos, acontecimentos, mudanças, entre outros. Eles são fundamentais para a construção de frases em qualquer língua e podem variar em tempo, modo, pessoa e número.

Dica
Para identificar se uma palavra é verbo, verifique se consegue identificar o seu gênero: se está no masculino ou feminino. Também verifique se a palavra indica um tempo: passado, presente ou futuro e se pode ser conjugada nas pessoas do discurso: eu, tu, ele, nós, vós, eles. Se não consegue identificar o gênero, mas a palavra indica pessoa e tempo, então essa palavra é um verbo.

O verbo é a palavra que está no núcleo do predicado. Para realizar análises linguísticas, de acordo com a norma culta, identificar o verbo é necessário. Além de ser uma palavra que indica ação, estado, ela indica a **pessoa, o tempo, o modo.**

a) **Pessoa** – refere-se às diferentes pessoas gramaticais que podem ser usadas na conjugação verbal: primeira pessoa (eu/nós), segunda pessoa (tu/vós ou você/vocês) e terceira pessoa (ele/ela/eles/elas). Cada pessoa corresponde a um conjunto específico de desinências verbais que indicam quem realiza a ação expressa pelo verbo.

b) **Tempo verbal** – indica quando a ação expressa pelo verbo ocorre. Há vários tempos verbais em português, incluindo presente, pretérito (imperfeito, perfeito e mais-que-perfeito), futuro (do presente e do pretérito) e imperativo. Cada tempo verbal tem suas próprias formas de conjugação que indicam quando a ação aconteceu ou acontecerá em relação ao momento da fala ou de outro momento de referência.

- <u>Tempo presente:</u> é utilizado para indicar uma ação que está ocorrendo no momento do agora. Ex.: Eu estudo diariamente. (ação habitual). Ele come uma maçã agora. (ação que está ocorrendo no momento).

- Pretérito perfeito: é usado para indicar ações ou eventos passados que já foram concluídos. Ex.: "Eu comi uma pizza ontem à noite".
- Pretérito imperfeito: é usado para representar a forma habitual ou repetida no passado ou para descrever o contexto de uma situação passada e que não foi acabada. Ex.: "Eu sempre brincava com meu irmão quando éramos crianças".
- Pretérito mais que perfeito: é usado para indicar uma ação ou evento que ocorreu antes de outra ação ou evento passado. Por exemplo: "Antes que os bombeiros chegassem, o fogo consumira toda a floresta".

> **Curiosidade**
> Atualmente, é um verbo pouco utilizado. Quando é necessário a sua utilização, normalmente, usa-se a locução verbal. Ex.: "Antes que os bombeiros chegassem ao local, o fogo **tinha consumido** toda a floresta".

- Futuro do presente: é um tempo verbal utilizado para expressar ações que acontecerão no futuro. Ex.: Nós viajaremos para o litoral amanhã.
- Futuro do pretérito: é utilizado para expressar uma ação que poderia ter ocorrido no passado, mas que não aconteceu. É frequentemente utilizado em situações hipotéticas, condicionais ou de especulação sobre o passado. Ex.: Eles estudariam nessa faculdade, se o preço não fosse tão caro.

> **Curiosidade**
> No Brasil, é muito comum as pessoas utilizarem o verbo no futuro do pretérito quando se deseja imprimir um caráter mais polido e educado em alguma solicitação. Ex.: Eu gostaria de falar com a supervisora. ou Você poderia chamar a diretora?

c) **Modos verbais** – são formas de expressar a atitude do falante em relação ao que está sendo dito. Em português, os modos verbais são indicativo, subjuntivo e imperativo.
- modo indicativo – usado para expressar fatos ou certezas.
  modo subjuntivo – usado para expressar hipóteses, possibilidades ou desejos.
- modo imperativo – usado para dar ordens ou fazer pedidos.

Cada modo verbal também tem suas próprias formas de conjugação que indicam a atitude do falante em relação ao que está sendo dito.

Os verbos podem ser usados nas **formas nominais**:
a) **infinitivo:** é a forma original do verbo que não sofre flexão de pessoa, número e tempo. Tem a terminação: ar, er, ir, or. Exemplos: amar, viver, partir, propôr;
b) **gerúndio**: é a forma verbal que indica ação em curso, em andamento. É formado pelo radical do verbo acrescido do sufixo -ndo. Exemplos: amando, vivendo, partindo, propondo;
c) **particípio:** é a forma verbal que indica ação concluída, mas que pode ser usada como adjetivo ou como parte de tempos compostos.

Estas formas são as que se assemelham a substantivos, mas que, ao mesmo tempo, possuem a flexão verbal. Estas são as formas que concordam em gênero e número com o sujeito a que se referem. São utilizadas em locuções verbais.

A locução verbal é a combinação de dois ou mais verbos que funcionam juntos como se fossem um único verbo, expressando uma única ideia ou ação. Na locução verbal, temos um verbo auxiliar como ser, estar, ter, haver, poder, dever, entre outros que é combinado com um verbo principal.

- Exemplos: "Ele deve estar chegando". "Nós poderíamos ter ido à festa". "Ela vai fazer o trabalho", "Eles deveriam estar estudando".

Dica
Os verbos no particípio quando têm a função de adjetivar o sujeito devem concordar em gênero, ok?
Ex.: O menino assustado correu para casa. (O menino, que estava assustado, correu para casa.)

?

Por que estudar isso?
É importante saber localizar o verbo nas orações para os usos na norma culta: da pontuação – no caso, as vírgulas – e da concordância verbal e concordância nominal. Além disso, quando produzimos narrativas, temos de cuidar para que seja mantida a coesão temporal.

2.1.6 - Palavras invariáveis – conjunção, preposição, advérbio

Estas são as palavras que fazem parte do grupo das invariáveis. São palavras que não são flexionadas, ou seja, não são masculinas ou femininas, não têm plural ou singular. São usadas para conectar palavras e estabelecer relações entre elas.

a) **Conjunção** – é uma palavra que **conecta orações**. É uma classe de palavras que serve para unir elementos linguísticos e indicar uma relação entre eles. As conjunções podem ser **coordenativas** ou **subordinativas:**
- coordenativas – quando unem elementos que têm a mesma função sintática na frase, como duas palavras, duas frases ou duas orações independentes. Exemplos de conjunções coordenativas incluem "e", "mas", "ou", "nem", "porém", "contudo", entre outras.
- subordinativas – unem uma oração subordinada a uma oração principal, indicando uma relação de dependência entre elas. Exemplos de conjunções subordinativas incluem "que", "se", "como", "embora", "porque", "quando", entre outras.

?

Por que estudar isso?
Estudar conjunção é importante, porque elas são responsáveis pela estruturação de frases e na conexão de ideias dentro de um texto permitindo que você crie textos mais claros, coerentes e precisos. Além disso, ajuda a compreender o uso das vírgulas.

Na tabela a seguir apresentamos as conjunções mais utilizadas:

Conjunções coordenativas

Função	Conjunções coordenativas	Exemplo
Aditiva (relação de adição)	e, mas também	Nós assistimos ao filme **e** comemos pipoca.
Adversativa (relação de oposição)	mas, porém, todavia, entretanto, contudo, no entanto.	Eles estudaram, **porém** não conseguiram boas notas.
Explicativa (relação de explicação)	pois, porque	O parque ficou alagado, **porque** choveu ontem.
Conclusivas (relação de conclusão)	portanto, assim, então	Ontem choveu, **então** o parque alagou.
Alternativas (relação de alternância)	ou, ou... ou, já ... já, ora ... ora	Vocês decidem: **ou** estudem **ou** durmam.

Conjunções subordinativas

Função	Conjunções subordinativas	Exemplos
integrantes (usadas nas orações subordinadas substantivas e adjetivas)	que, se	Espero **que** todos estejam bem de saúde. Não sei **se** todos conseguiram atendimento.
Adverbiais		
causais (exprimem causa, motivo, razão)	porque, como, visto que, já que, uma vez que, desde que.	**Como** estudou muito, conseguiu se formar.
comparativas (expressam comparação)	como, do que	Ela escreve tão bem **quanto** fala. Ela fala mais **do que** faz.
condicionais (exprimem condição)	caso, contanto que, salvo se, desde que, a não ser que	Poderá viajar, **contanto que** realize todas as tarefas.
concessivas (exprimem um fato contrário)	embora, ainda que, mesmo que, se bem que, posto que, apesar de que, por mais que, por melhor que, nem que	**Embora** tenha recebido muito dinheiro, não conseguiu comprar sua casa.

Função	Conjunções subordinativas	Exemplos
conformativas (exprimem conformidade)	conforme, como, consoante, segundo	Fiz os exercícios **conforme** as orientações.
consecutivas (exprimem consequência)	que, de modo que, de maneira que	Dediquei-me muito, **de modo que** consegui vencer.
finais (exprimem finalidade)	a fim de que, para que	Estudamos a gramática, **a fim de** conseguir escrever na norma culta.
modais (exprimem modo)	sem que	Fez o trabalho, **sem que** os outros soubessem.
proporcionais (exprimem proporcionalidade)	à medida que, à proporção que, ao passo que	**À medida que** o tempo passa, fico mais experiente.
temporais (exprimem tempo)	antes que, quando, logo que, depois que	**Depois que** você chegou, conseguimos vencer.

b) **Preposição** – é uma palavra invariável que **estabelece uma relação de subordinação entre dois termos**, indicando a posição, direção, modo, causa, finalidade, tempo, entre outras circunstâncias. As preposições são: a, ante, após, até, com, contra, de, desde, em, entre, para, per, perante, por, sem, sob, sobre, trás.

> **?**
>
> **Por que estudar isso?**
> As preposições são palavras usadas na regência de verbos estabelecendo relação de subordinação. A regência é a relação que se estabelece entre a preposição e o termo que a ela se segue, ou seja, a palavra que vem depois da preposição. Exemplo: o verbo gostar precisa de preposição "de". Ela gosta de bolo. (quem gosta, gosta de algo.) Além disso, esse conhecimento é importante para entender o uso da crase, por exemplo.[7]

Algumas das principais funções das preposições são para indicar:
- tempo: "Chegarei ao aeroporto **às** 10h."
- lugar: "Ela está **em** casa."
- movimento: "Ele foi **para** a escola."
- meio ou instrumento: "Ele escreveu a carta **com** uma caneta."
- posse: "A casa **do** meu pai é grande."
- finalidade: "Comprei o livro **para** eu ler".
- introduzir uma oração subordinada: "Ele saiu **antes** que eu pudesse falar com ele."

É importante lembrar que as preposições podem ser combinadas com outras como em «acima de», «abaixo de», «por causa de» e assim por diante.

---

[7] Veremos mais sobre esse assunto quando estudarmos sobre o uso da crase.

> **Curiosidade**
> As preposições podem se juntar aos artigos, como ocorre nos pronomes. As preposições que fazem essa aglutinação são: **de, em, per** e **a**. Veja como ficam:
> de+a= da
> de+o= do
> em+a= na
> em+o= no
> per+a= pela
> per+o= pelo
> a+a= à[8]
> a+o= ao

c) **Advérbio** – é uma palavra invariável que modifica o sentido do verbo, do adjetivo ou de outro advérbio. Ele pode indicar tempo, lugar, modo, intensidade, entre outros aspectos. Exemplos de advérbios são: hoje, aqui, bem, rapidamente, muito, entre outros.

---

[8] No capítulo 7 estudaremos mais sobre o assunto crase.

> **?**
>
> **Por que estudar isso?**
> Na perspectiva da gramática da norma culta e para nosso objetivo, conhecer advérbios ajuda a compreender quando não devemos variar em gênero uma palavra acreditando que a concordância nominal existe.
> A palavra "meio" dependendo do lugar em que ocupa na oração tem uma função. Ela pode ser numeral indicando metade (nesse caso é variável):
> Ex.: *Eu comi **meio pedaço** de bolo. Ela bebeu **meia garrafa** de suco.*
> Pode ser substantivo feminino e então varia em número:
> Ex.: *Ele vestiu as **meias** pretas, pois seus sapatos eram pretos. Ela perdeu o pé de **meia** na bagagem.*
> Quando é advérbio, não possui variação.
> Ex.: *Mariana estava **meio** cansada quando saiu do trabalho. (isto é, estava mais ou menos cansada.)*
> Se usarmos a palavra "meia" nesse exemplo acima, estamos dizendo que Mariana estava metade cansada.

Alguns exemplos com advérbios. Os verbos estão sublinhados e os advérbios em negrito:
- Ele correu **vagarosamente** para a linha de chegada.
- Ele correu **devagar** para a linha de chegada.
- Eles dançaram **animadamente** durante toda a noite.
- O cachorro latiu **alto** e **continuamente**, incomodando os vizinhos.
- Ela escreveu **cuidadosamente** cada palavra em seu caderno.
- Ela escreveu **com cuidado** cada palavra em seu caderno.

> **Vamos pensar?** 🤔
> Algumas vezes temos a dificuldade de distinguir na oração quando estamos usando adjetivo ou advérbio. Vejam as duas orações a seguir:
> A professora chegou **cansada** à escola.
> Os carros custam **caro**.
> Qual é adjetivo e qual é advérbio?

Vamos lá: temos duas palavras: **cansada** e **caro**. As duas qualificam, mas uma qualifica o substantivo e a outra qualifica o verbo.

A palavra **'cansada'** qualifica a **professora**. "Ela chegou (e estava) cansada à escola." É um adjetivo, por isso concorda com o sujeito professora.

A palavra **'caro'** qualifica o verbo **custam**. Por isso é advérbio e não varia, mesmo com o sujeito **carros** no plural.

> 💡 **Dica**
> **Como descobrir qual é a classe da palavra.**
> Quando você estiver com muita dúvida em relação à classe de palavras, consulte o dicionário. Ele sempre indica qual classe da palavra.

No próximo capítulo vamos iniciar os estudos relacionados à sintaxe e os estudos deste capítulo 2 ser-lhe-ão muito úteis.

CAPÍTULO 3

A FRASE COMO PONTO DE PARTIDA

O que é frase? **Frase** é a mesma coisa que **oração** ou **período**? Antes de conceituar estas palavras, de acordo com a gramática, vamos fazer relembrar as concepções de linguagem.

Relembramos que há três concepções:

- **linguagem como expressão do pensamento** – é centrada no indivíduo que pensa e expressa seu pensamento.
- **linguagem como instrumento de comunicação** – nessa abordagem, não se considera apenas quem o emissor do pensamento, mas também o receptor. Há o surgimento da estrutura comunicacional: o **emissor**, o **receptor** e a **mensagem**.
- **linguagem como forma de interação** – compreende três fatores: o locutor (emissor), o alocutário (receptor) e a interlocução (processo de entendimento e interação com a mensagem.

> **Vamos pensar?**
> Veja o texto a seguir:
> Γεια πώς είσαι; Θα ήθελα να μάθω αν μπορείτε να ταξιδέψετε μαζί μου.[9]
> Conseguiu compreender o que esse texto diz?
> Se você conhece a língua grega, deve ter compreendido. Do contrário, ficou sem saber qual era a mensagem desse texto, não é? Nesse caso, não ocorreu a comunicação, pois não houve a interação.

Existem diversos fatores que devem ser considerados para uma comunicação eficiente. Aqui veremos os que estão relacionados à comunicação verbal:

1º - contexto: é o primeiro fator a ser considerado pelo locutor. O contexto é a situação, o ambiente e as relações interpessoais entre os interlocutores (é o contexto que vai sinalizar a **variante linguística** adequada);

2º - linguagem: código verbal – falada ou escrita – nesse fator é importante observar o vocabulário que será utilizado. Será que o seu interlocutor compreenderá as palavras escolhidas para a mensagem?

Além destes dois fatores encontramos outros como:

3º - habilidades de comunicação: como a capacidade de ouvir, falar, interpretar, persuadir e negociar;

4º - barreiras de comunicação: barreiras físicas, psicológicas, culturais e linguísticas podem afetar a comunicação. Isso inclui ruídos, preconceitos, diferenças culturais e de idioma, entre outros fatores.

5º - meios de comunicação: como a tecnologia, a linguagem corporal, a escrita, o telefone, o vídeo e o áudio.

Então, frase, oração e período são a forma como estruturamos as palavras para que possamos nos comunicar.

---

[9] Tradução: Olá, como você está? Gostaria de saber se você pode viajar comigo.

> **Por que estudar isso?**
> É importante entender bem as concepções da linguagem e a relação com a comunicação, pois estes são pressupostos para auxiliar a compreender a coerência em um texto.

3.1 - Conceito de frase, oração e período

Frase, oração e período são importantes para realizar a comunicação, como já vimos anteriormente. Então, agora, vamos aos conceitos.

a) **Frase** - é uma unidade de linguagem que consiste em uma ou mais palavras que juntas expressam um pensamento completo e que podem ser usadas para comunicar uma ideia. As frases são **atos de fala** (mesmo que sejam na forma verbal escrita).

Conceitos

Segundo John R. Searle (1995[10]), há três tipos de atos de fala:

- **locucionários** – referem-se aos atos de proferir palavras ou frases com significado. É o nível mais básico dos atos de fala e envolve a produção de sons ou letras que têm um significado linguístico específico.
- **ilocucionários** – referem-se ao significado intencional ou efeito comunicativo da fala, além de seu significado literal. Nesse nível, o falante utiliza palavras ou frases para realizar ações, como fazer pedidos, dar ordens, fazer promessas, expressar desejos, entre outros.
- **perlocucionários** – referem-se aos efeitos que as palavras ou frases têm sobre os ouvintes ou leitores. Esses atos buscam influenciar, persuadir, convencer, emocionar ou alterar o estado mental dos receptores da mensagem.

---

[10] John R. Searle. *Os Actos de Fala:* Um Ensaio de Filosofia da Linguagem. Almedina, Coimbra, 1981.

> **?**
>
> **Por que estudar isso?**
> A análise dos atos de fala ajuda a compreender o poder da linguagem na comunicação e como as palavras podem ser usadas para realizar ações e influenciar os outros.

Uma frase pode ser uma simples declaração, uma pergunta, uma exclamação ou uma ordem.

Temos alguns tipos de frases:

Exclamativas:

- **frases interjetivas** – que são formadas por interjeição.
  Ex.: Ai! Ui! Obá! Oi?
- **frases nominais** – que são formadas por frases sem verbos, mas que possuem sentido completo. Títulos são exemplos de frases nominais.
  Ex.: O crime do Padre Amaro. Bonitinha, mas ordinária. Socorro! Silêncio!
- **frases verbais** – que possuem verbo e são chamadas também de orações.

b) **Oração** – é uma unidade gramatical que contém um sujeito e um predicado, por isso possui verbo.
  Ex.: João *comprou* um livro.

As orações podem ser **verbais** ou **nominais**.

- **oração verbal** – é uma oração que contém um verbo principal que expressa uma ação ou estado. Essa oração pode conter um sujeito, um objeto direto e/ou um objeto indireto, além de complementos verbais, como advérbios e preposições.
  Ex.: Eu estudo matemática todos os dias.

Nessa frase, temos:
- "eu" representando o **sujeito**,
- "estudo" indicando **o verbo** principal
- "matemática" apontando o **objeto**.

A oração verbal expressa uma ação (estudar) e contém um sujeito e um objeto.

Ex.: Ele comprou um livro para a irmã.

Nessa frase, "ele" é o **sujeito**, "comprou" é o **verbo** principal, "um livro" e "para a irmã" são **objetos**.

> **Vamos pensar?** 🤔
> Frases podem ser orações, mas orações nem sempre são frases.
> Ex1: Socorro!
> Ex2: Eu estou precisando de ajuda.
> Os dois exemplos podem ser considerados frases, mas somente o exemplo 2 é oração. Isso porque ele possui verbo.

c) **Período** – refere-se a uma unidade sintática que contém uma ou mais orações e expressa uma ideia completa. Geralmente contém um sujeito e um predicado. O período pode ser simples, quando possui apenas uma oração, ou composto, quando possui duas ou mais orações.

Exemplo de período simples:
"Eu *vou viajar* para Turim no final do ano."

Exemplo de período composto:
Ex.: João *comprou* um livro, *embrulhou*-o para presentear a sua namorada.

Consideramos esse período como composto, porque possui duas orações:

oração 1 – João comprou um livro.
oração 2 – embrulhou-o para presente. (João embrulhou o livro para presente.)

3.2 - Estrutura da oração no período simples

Nas orações temos o sujeito e o predicado.

3.2.1 - Sujeito e predicado

a) **sujeito**: é a parte da oração que realiza a ação ou sobre a qual se declara algo. Ele é geralmente composto por um substantivo, um pronome ou uma palavra equivalente a um substantivo, que concorda em número e pessoa com o verbo da oração.
Exemplo: "Maria comprou um livro".
"**Maria**" é o **sujeito**.
No sujeito não temos verbo.
Obs.: Há tipos de sujeito, mas aprofundamos este assunto no capítulo sobre concordância verbal.

b) **predicado**: é a parte da oração que contém a informação sobre a ação que está sendo realizada pelo sujeito ou sobre o estado em que o sujeito se encontra. Ele é composto pelo verbo e pelos complementos verbais, que podem ser objetos diretos ou indiretos, complementos nominais, adjuntos adverbiais, entre outros. Na mesma frase anterior, o predicado é "comprou um livro".
Existem **dois tipos de predicado**: o **predicado verbal** e o **predicado nominal**.
- **predicado verbal** – é aquele que se refere a uma ação realizada pelo sujeito. Por exemplo: "João correu no parque". Neste exemplo, "correu no parque" expressa a **ação** que João realizou.

- **predicado nominal** – é aquele que se refere a um **estado ou qualidade** do sujeito.

Por exemplo: "Maria está feliz". Neste caso, "está feliz" é o predicado nominal, que expressa um **estado ou qualidade** de Maria.

O núcleo do predicado é sempre o verbo, mas há também os complementos verbais.

Os **complementos verbais** são elementos que completam o sentido do verbo na frase. Existem diferentes tipos de complementos verbais, como:

a) **Objeto direto**: o objeto direto é um termo que complementa o verbo transitivo direto, ou seja, um verbo que não precisa de preposição, mas precisa de um objeto para completar seu sentido. O objeto direto responde à pergunta "o quê?" ou "quem?" em relação ao verbo.

Ex.: na frase "Eu comprei um livro", "um livro" é o objeto direto, pois completa o sentido do verbo transitivo direto "comprei" e responde à pergunta "o quê?".

Outro exemplo seria: "Ela comeu uma maçã". Nessa frase, "uma maçã" é o objeto direto, pois responde à pergunta "o quê?" em relação ao verbo "comeu".

b) **objeto indireto**: é um termo que complementa o verbo transitivo indireto, ou seja, um verbo que precisa de um objeto que é introduzido por uma preposição: "a", "para", "com", "por", entre outras.

Ex.: na frase "Eu dei um presente para minha mãe", "minha mãe" é o objeto indireto, pois completa o sentido do verbo transitivo indireto "dei" e responde à pergunta "para quem?".

Outro exemplo seria: "Ela falou com o professor sobre o projeto". Nessa frase, "com o professor sobre o projeto" é o objeto indireto, pois responde à pergunta "para/quem?" e "para/o quê?" em relação ao verbo "falou".

c) **Complemento nominal**: O complemento nominal é um termo acessório da oração que completa o sentido de um nome (substantivo, adjetivo ou advérbio) que não é um verbo transitivo direto. Ele é responsável por indicar a relação de complementação com o nome ao qual se refere. O complemento nominal é introduzido por preposições e pode ser constituído por substantivos, pronomes, locuções substantivas ou expressões nominais.
Por exemplo: Ele tem orgulho de sua filha. (O complemento nominal é "de sua filha", que completa o sentido de "orgulho".)
Eles estavam preocupados com a saúde do avô. (O complemento nominal é "com a saúde do avô", que completa o sentido de "preocupados".)
Ela é conhecida por sua inteligência. (O complemento nominal é "por sua inteligência", que completa o sentido de "conhecida".)

d) **Agente da passiva**: Agente da passiva é a pessoa ou coisa que pratica a ação expressa pelo verbo na voz passiva. Em outras palavras, é o sujeito na voz ativa que é convertido em agente da passiva na construção passiva.
Por exemplo,
"A casa foi construída pelo pedreiro", "o pedreiro" é o agente da passiva, pois é quem realizou a ação de construir a casa, que foi expressa pelo verbo "construir" na voz passiva. Na voz ativa, a mesma frase seria "O pedreiro construiu a casa", onde "o pedreiro" é o sujeito e "a casa" é o objeto direto da ação.

e) **Complemento adverbial**: complemento verbal que indica as circunstâncias em que ocorre a ação verbal e pode ser formado por uma palavra ou expressão adverbial. Exemplo: "Eu fui à festa *ontem à noite*."

Esses são os principais tipos de complementos verbais, mas existem outros que podem ser identificados de acordo com o contexto e a estrutura da frase.

> **Por que estudar isso?**
> O conhecimento dos tipos de complementos verbais e das preposições adequadas a serem usadas com eles ajuda a analisar as concordâncias verbais, nominais e situações de regência.

3.3 - Composição dos Períodos

Os períodos podem ser feitos por coordenação e por subordinação. Veja a seguir:

3.3.1 - Período composto por coordenação

O período composto por coordenação é um tipo de período que possui duas ou mais **orações independentes**, que são **ligadas por meio de conjunções coordenativas**. Essas **conjunções coordenativas** podem ser:
- **aditivas** (como "e", "nem"),
- **adversativas** (como "mas", "porém"),
- **alternativas** (como "ou", "ora"),
- **conclusivas** (como "logo", "portanto")
- **explicativas** (como "pois", "porque").

Cada oração desse tipo de período possui sentido completo e independente, e sua união por meio das conjunções coordenativas serve para estabelecer uma relação de coordenação entre elas, sem que uma delas seja subordinada à outra.

Ex.: Eu gosto de estudar, mas nem sempre consigo tirar boas notas.

Temos duas orações independentes unidas por uma **conjunção – MAS**:

Oração 1 - Eu gosto de estudar.

Oração 2 - nem sempre consigo tirar boas notas. (eu nem sempre tiro boas notas.)

A conjunção MAS liga as duas orações e estabelece uma relação de oposição entre elas. Eu gosto de estudar. Essa é uma atitude que subentende alguém que tira boas notas. Todavia, o MAS introduz a informação de que apesar de estudar, as notas não são boas.

Ex.: Ele não quis ir ao cinema, então eu fui sozinho.

Aqui temos duas orações:

oração 1 - Ele não quis ir ao cinema.

oração 2 - fui sozinho (ao cinema). (eu fui sozinho ao cinema.)

Elas estão ligadas pela conjunção conclusiva ENTÃO. Essa conjunção estabelece uma relação de explicação (causa e consequência) entre elas. Por que "ele não quis ir ao cinema", eu acabei indo sozinho. A causa foi ele não querer ir ao cinema e a consequência foi "eu ter ido sozinho".

> **Dica**
> Retorne ao capítulo 2, no tópico conjunção, para recordar o que são conjunções.

3.3.1.1 - Tipos de orações coordenadas

Existem cinco tipos principais de orações coordenadas: aditivas, adversativas, alternativas e explicativas.

a) **Orações coordenadas aditivas**: São aquelas que expressam adição, soma ou continuidade de ideias. Ex.: "Ele estudou muito **e** passou no exame"; "Eu gosto de estudar **e** meu irmão gosta de jogar futebol".

b) **Orações coordenadas adversativas**: São aquelas que expressam oposição, contraste ou restrição de ideias. Ex.: "Eu gostaria de ir ao cinema, mas estou sem dinheiro"; "Ele não gosta de acordar cedo, contudo tem de ir trabalhar".

c) **Orações coordenadas alternativas**: São aquelas que expressam alternância ou escolha entre duas ou mais ideias. Exemplos: "Você pode escolher entre café ou chá"; "Vamos viajar para a praia ou para a montanha".

d) **Orações coordenadas explicativas**: São aquelas que expressam explicação ou esclarecimento sobre algo mencionado anteriormente. Além disso, podem estabelecer a relação de causa e consequência. Exemplos: "Eu gosto muito de frutas, pois são saudáveis"; "Eu estudei muito para a prova, já que precisava de uma boa nota".

e) **Oração coordenada conclusiva**: que indica conclusão ou resultado de uma ação ou ideia expressa na oração anterior. Geralmente, ela é introduzida por conjunções como "logo", "portanto", "assim", entre outras. Ex.: "Eu não tinha estudado para a prova, logo não fui bem"; "Ele não gostava da cidade, portanto decidiu mudar-se para o interior"

3.3.2 - Período composto por subordinação

O período composto por subordinação é uma estrutura gramatical composta por duas ou mais orações, sendo uma delas a principal e as outras subordinadas. As orações subordinadas dependem da oração principal para terem sentido.

Ex.: "*Será* necessário que todos *estudem* para o concurso.
Oração 1 - "Será necessário"
Oração 2 - "todos estudem para o concurso."
A oração 2 só possui sentido desejado quando lemos a oração 2.

3.3.2.1 - Tipos de orações subordinadas

As orações subordinadas podem ser classificadas de acordo com a função sintática que desempenham na oração principal. Temos 3 tipos de orações subordinadas: substantivas, adjetivas ou adverbiais.

Existem três tipos de orações subordinadas, de acordo com a função que desempenham na oração principal:

a) **Orações subordinadas substantivas**: são aquelas que exercem função de substantivo na oração principal, podendo funcionar como sujeito, objeto direto, objeto indireto, complemento nominal ou aposto. Essas orações são introduzidas por conjunções integrantes, como **que**, **se**, **se não**, **se acaso**, entre outras. Ex.: "Eu não sabia que ele tinha chegado."
Oração 1 - "Eu não sabia"
Oração 2 - "ele tinha chegado em casa."
conjunção integrante – que

b) **Orações subordinadas adjetivas**: são aquelas que exercem função de adjetivo na oração principal, desempenhando o papel de caracterizar ou especificar um termo da oração principal. Essas orações são introduzidas por pronomes relativos, como: **que**, **quem**, **cujo**, **onde** etc. Exemplo: "A casa que fica na esquina foi reformada recentemente."

c) **Orações subordinadas adverbiais**: são aquelas que exercem função de advérbio na oração principal, indicando circunstâncias como tempo, causa, consequência, condição, concessão etc. Essas orações são introduzidas por conjunções subordinativas, como: **quando**, **enquanto**, **porque**, **embora**, **caso**, **desde que**, entre outras.

Ex.: "Quando eu cheguei em casa, minha mãe já havia preparado o jantar."

Nesse exemplo, a oração principal é "minha mãe já havia preparado o jantar", e a oração subordinada é "quando eu cheguei em casa". A oração subordinada adverbial indica o tempo em que a ação principal ocorreu.

Vamos pensar?

Leia as orações a seguir e identifique quais são períodos compostos por coordenação e os que são compostos por subordinação:
a) Ela estava cansada, portanto decidiu ir dormir mais cedo.
b) Eles treinaram bastante, pois queriam vencer o campeonato.
c) Eu espero que ela chegue cedo.

Se você identificou as orações (a) e (b) como períodos compostos por coordenação, acertou.

Elas são orações independentes e estão ligadas por conjunções coordenativas.

a) Ela estava cansada, portanto decidiu ir dormir mais cedo.
   oração 1 - Ela estava cansada
   termo que liga as orações – portanto (conjunção conclusiva)
   oração 2 - (ela) decidiu ir dormir mais cedo
b) Eles treinaram bastante, pois queriam vencer o campeonato.
   oração 1 - Eles treinaram bastante
   termo que liga as orações – pois (conjunção explicativa)
   oração 2 - (eles) queriam vencer o campeonato

Se indicou o período (c) como composto por subordinação, acertou.

c) Eu espero que ela chegue cedo.
   oração 1 - Eu espero
   termo que liga as orações – que (conjunção subordinativa substantiva)
   oração 2 - ela chegue cedo

> **Por que estudar isso?**
> O conhecimento sobre os tipos de orações, além de auxiliar na coesão e coerência do texto, ajudam a compreender o uso da vírgula.

3.4 - Uso da pontuação – vírgula, ponto final, dois pontos e ponto e vírgula.

A pontuação é um recurso ortográfico que permite organizar as ideias em um texto e também imprimir o caráter rítmico da língua falada: como entonação, pausas, limites sintáticos (quando está se organizando períodos) e unidades de sentido.

São considerados sinais de pontuação:

Sinais de pontuação

Ponto	.
Ponto de exclamação	!
Ponto de interrogação	?
Dois pontos	:
Reticências	...
Vírgula	,

Acompanhe a seguir como devem ser utilizados cada um destes sinais de pontuação.

3.4.1 - Ponto

O **ponto** pode ser usado nas seguintes situações:
a) **Para encerrar uma frase declarativa** como: uma afirmação, uma ordem, uma pergunta retórica, ou qualquer outra sentença que não seja uma pergunta direta ou uma exclamação.
Ex.: "A Organização das Nações Unidas (ONU) foi fundada em 1945."
b) **Para separar orações em um período ou finalizar um período**.
Ex.: "Eu gosto muito de viajar para lugares diferentes. Já visitei vários países ao redor do mundo, como a França, a Itália e o Japão. Sempre me impressiono com as diferenças culturais e a diversidade das pessoas que encontro."

Nesse exemplo, cada frase simples: "Eu gosto muito de viajar para lugares diferentes", "Já visitei vários países ao redor do mundo, como a França, a Itália e o Japão", "Sempre me impressiono com as diferenças culturais e a diversidade das pessoas que encontro", é separada por um ponto final para indicar que elas são independentes e formam um período composto. E ao final, tem-se o ponto para indicar que o período acabou e um novo parágrafo vai ser iniciado.

3.4.2 - Ponto de exclamação

O ponto de exclamação é usado em frases cuja ideia é exclamativa. É utilizado em frases que expressam emoção ou querem dar ênfase.
Ex.: "Que pena!" Você não ganhou na loteria.

3.4.3 - Ponto de interrogação

O ponto de interrogação é utilizado quando se está fazendo uma pergunta.

Ex.: A que horas você chegou?

3.4.4 - Dois pontos

Os dois pontos são usados em 4 situações na produção de um texto:
a) antes de um diálogo. (lembrando que em diálogos usamos travessão para indicar a fala de alguém.):
   Ex.: "Ela falou:
   – Quem quer ir ao cinema hoje?"
b) antes de aposto:
   Ex.: "Este é o problema dos alunos: sempre estão desinteressados."
c) Antes de enumeração:
   Ex.: Os estados da água podem ser: líquido, gasoso e sólido.
d) Antes da citação direta:
   Ex.: "Assim como dizem os sábios: "a pressa é a inimiga da perfeição."

> **Dica**
> Depois de dois pontos nos casos de aposto, citação direta e enumeração sempre usamos letra minúscula se a primeira palavra depois do sinal for um substantivo comum.

3.4.5 - Reticências

As reticências são utilizadas como um recurso de indicar que a ideia não foi finalizada ou foi suprimida. Elas indicam uma pausa, uma interrupção ou uma suspensão do pensamento.

Ex.: "Eu não sei o que dizer... eu simplesmente não esperava que isso acontecesse."

3.4.6 - Vírgula

A vírgula é um sinal de pontuação que serve para organizar as orações em um texto. Equivocadamente, alguns ensinam que a vírgula é "uma paradinha para respirar". Isso é um equívoco, pois há situações nas orações em que se dá uma pausa, mas não se usa a vírgula.

Ex.: "A empresa Blue Star de Tecnologia do Brasil anunciou a contratação de 500 funcionários na tarde de ontem."

Nesse exemplo, muitos colocariam uma vírgula entre "Brasil" e "anunciou" o que seria errado, pois se estaria separando o sujeito do verbo 'anunciou'. Quem anunciou a contratação? A empresa Blue Star de Tecnologia do Brasil.

Sujeito – "A empresa Blue Star de Tecnologia do Brasil"

Predicado – "anunciou a contratação de 500 funcionários na tarde de ontem."

> **Dica**
> Retorne ao capítulo 1 para saber mais sobre a estrutura sintática da língua.

3.4.6.1 - Vírgula e o período simples

Antes de começar a falar quando devemos usar a vírgula, vamos ver quando não usar!
IMPORTANTE:
Não se pode usar a vírgula entre ideias que se completam.
a) Entre sujeito e verbo.
b) Entre verbos e complementos.

> **Vamos pensar?**
> Leia a oração a seguir:
> A maioria dos deputados do congresso nacional votou a emenda constitucional na sexta-feira da semana passada. Você colocaria vírgulas nessa oração?

Se você respondeu que não colocaria vírgula, acertou. Vamos analisar:
Sujeito - A maioria dos deputados do congresso nacional
verbo - votou
complemento do verbo - "votou" o quê?
O verbo votar pede um objeto direto: "a emenda constitucional"
Quando votou? A informação que segue aponta o tempo, então possui um complemento adverbial:
"na sexta-feira da semana passada."
E agora? Vamos ver quando usamos vírgula **no período simples**?
Basicamente, você deve usar em 5 situações:
a) separar elementos de uma enumeração, ou seja, quando houver palavras repetidas ou que pertençam ao mesmo campo semântico em enumeração. Ex.: "Eu gosto de estudar português, inglês, francês e espanhol." ou "Eu estudei muito para a prova, mas não consegui passar."

b) **isolar termos intercalados ou deslocados** de acordo com esse circuito. Nesse caso, se estiver no meio da oração, você usará duas vírgulas para destacá-lo. Ex.: "O livro, que foi escrito por um autor brasileiro, é muito interessante."
c) **separar adjuntos adverbiais** que não estejam na ordem do circuito. Ex.: "Na tarde de ontem, a empresa Blue Star de tecnologia do Brasil anunciou a contratação de 500 funcionários." ou "A empresa Blue Star de tecnologia do Brasil, na tarde de ontem, anunciou a contratação de 500 funcionários."
d) **isolar vocativos**: Exemplo: "Maria, venha cá!"
e) **separar termos explicativos**: Exemplo: "O meu irmão, médico oftalmologista, mora em São Paulo."

Vamos pensar?
Leia a oração a seguir:
"O senhor de cabelos grisalhos barba por fazer e olhos vivos e brilhantes chegou ao topo da montanha íngreme e cheia de obstáculos."
Essa oração possui vírgula? Em qual lugar?

Se você colocou vírgula entre 'grisalhos' e 'barba', acertou! Essa é a única vírgula que existe. Veja a explicação:

Sujeito - O senhor de cabelos grisalhos, barba por fazer e olhos vivos e brilhantes.

A vírgula usada é aquela que separa elementos de uma enumeração, palavras que pertencem ao mesmo campo semântico em enumeração: qualidades do senhor: cabelos grisalhos e barba por fazer.

> **Vamos pensar?** 🤔
> Leia a oração a seguir:
> "A presidente da República do Brasil na reunião com os deputados apresentou o projeto para o crescimento do país."
> O que você acha? Nessa oração há vírgulas?

Se você respondeu que coloca vírgulas depois de 'Brasil' e depois de 'deputados', acertou.

"A presidente da República do Brasil, na reunião com os deputados, apresentou o projeto para o crescimento do país.

Isso porque "na reunião com deputados" é uma ideia que está deslocada. Na lógica que já vimos, o sujeito necessita do verbo.

Sujeito - A presidente da República do Brasil

O que esse sujeito fez?

"apresentou" - o verbo apresentou pede complemento de objeto direto. Apresentou o quê?

"o projeto para o crescimento do país."

> 💡 **Dica**
> O sujeito não pode ser separado por vírgula quando não há oração ou termo deslocado e colocado entre o sujeito e o verbo.
> **Os estudantes da faculdade**, ontem à noite, **fizeram** prova.
> "ontem à noite" é a ideia intercalada entre o sujeito e o verbo.

3.4.6.2- Vírgulas – Períodos compostos

As orações de período composto são aquelas que possuem mais de um verbo e são divididas em **coordenadas e subordinadas**.

A - Orações coordenadas são orações independentes. Por isso, entre elas **usa-se** vírgulas.

Ex.: As crianças correram para o parque, brincaram no escorregador, rodaram no gira-gira e chutaram bola ao gol.

Oração 1 - "As crianças correram para o parque"
Oração 2 - "brincaram no escorregador"
Oração 3 - "rodaram no gira-gira"
Oração 4 - "chutaram bola ao gol."

> **Dica**
> É comum utilizar a conjunção 'e' antes da última oração. Tanto as vírgulas, quanto a conjunção 'e' têm a função de adicionar ideias nas orações coordenadas. Por essa razão, nesse caso, quando usar a conjunção (e) não use vírgula.

B - Orações subordinadas

O **uso da vírgula** nas **orações subordinadas** segue a lógica do circuito. São três as orações subordinadas: **substantivas, adjetivas e adverbiais**.

a) **orações substantivas**[11] - nenhuma oração substantiva tem vírgula ou é separada por outra pontuação, com exceção da oração apositiva[12] que leva dois pontos.

---

[11] Não nos aprofundaremos em cada tipo de oração subordinada substantiva, pois não é necessário identificar qual é a oração usando essa estratégia para o uso da vírgula. Apenas se faz necessário compreender o conceito de substantiva.

[12] Exemplo: "Essa era a minha maior vontade: viajar para a Itália."

Estas orações, apesar de terem mais de um verbo, possuem elementos que não podem ser separados por vírgulas. Seguem a dica de que não se separa ideias que se completam.

Ex.:
a) É necessário que os jovens estudem muito.
b) Sua mãe deseja que você seja um vitorioso.
c) A professora me convenceu de que aquele livro é muito bom.
d) Tenho medo de que você não consiga viajar.

Analisando as orações supramencionadas no exemplo, usando a estratégias de análise das ideias que se completam, fica claro que não se deve usar vírgulas em nenhuma delas. Veja a análise a seguir destacando as orações por meio dos verbos e separando as orações:

<u>É necessário</u> que os jovens **estudem** muito.
<u>Sua mãe **deseja**</u> que você **seja** um vitorioso.
<u>A professora me **convenceu**</u> de que aquele livro é muito bom.
<u>**Tenho** medo de</u> que você não **consiga** viajar.

Em todas elas temos duas orações: a principal e a subordinada. As orações principais necessitam das subordinadas para terem o sentido completo.

<u>É necessário</u>
<u>Sua mãe **deseja**</u>
<u>A professora me **convenceu**</u>
<u>**Tenho** medo de</u>

São as orações subordinadas que completam o sentido. Então, como já vimos, não podemos usar vírgulas entre ideias que se completam.

b) oração subordinada adjetiva

Uma oração subordinada adjetiva funciona como um adjetivo, modificando um substantivo ou pronome na oração principal. Ela descreve ou limita o significado do substantivo.

Temos dois tipos de subordinadas adjetivas:
- **restritiva** – são orações que limitam o significado do substantivo ou pronome da oração principal.

    Ex.: "O carro que está estacionado na esquina é meu."

Nesse exemplo, a oração subordinada adjetiva restritiva é "que está estacionado na esquina". Essa oração atua como um adjetivo e modifica o substantivo "carro". A oração restringe ou especifica qual carro estamos nos referindo, indicando que é o carro específico que está estacionado na esquina.

- **explicativa** – é uma oração que acrescenta informações adicionais à oração principal, mas não é necessária para compreender a frase. Ela fornece informações extras sobre o substantivo na oração principal, sem limitar ou definir seu significado.

    Ex.: A Matemática, **que é a ciência que estuda por meio de cálculos,** pode ser mais fácil.

    "que é a ciência que estuda por meio de cálculos" é a oração que explica o que é Matemática.

A principal diferença entre as duas é que a oração subordinada adjetiva é essencial para entender o significado do substantivo ao qual se refere e portanto não usa vírgulas para separá-la, enquanto a oração subordinada explicativa não é essencial, mas apenas adiciona informações extras e por isso usamos vírgula para separá-la, quando é uma ideia intercalada.

> **Dica**
> - orações restritivas – NÃO usamos vírgula;
> - orações explicativas – USAMOS vírgula.

c) **orações subordinadas adverbiais**
No caso das **adverbiais** a regra é: se elas estão fora da ordem do circuito lógico em que a oração adverbial vem anterior a outra oração, deve-se, obrigatoriamente, separá-las por vírgulas.
Ex.: **Se você vier à aula amanhã**, realizaremos a prova.
"Se você vier à aula amanhã" é a oração que indica condição, por isso é adverbial. A ordem direta seria:
Realizaremos a prova se você vier amanhã.
Quando a oração subordinada estiver posterior, a **vírgula é facultativa**. Pode-se ou não utilizar a vírgula a depender da intenção do escritor.
As mesmas regras são aplicadas nas **orações substantivas, adjetivas e adverbiais reduzidas.**
Ex.: Observei as meninas **correndo no parque**. (correndo no parque é uma oração reduzida)
Observei as meninas **que estavam correndo no parque.**

Conceitos
A oração subordinada reduzida
Uma oração subordinada reduzida é uma oração subordinada que foi modificada para uma forma verbal que não possui um sujeito explícito ou uma conjunção subordinativa. Essa modificação é feita para tornar a oração mais concisa e para dar mais ênfase ao verbo. Os verbos em orações reduzidas são os que estão na forma nominal: infinitivo, gerúndio e particípio[13].
Ex.: "Quando **eu terminar** o trabalho, irei ao cinema" pode ser reduzida para "**Terminado** o trabalho, irei ao cinema". Nesse caso, a oração subordinada foi reduzida a um verbo no particípio: "terminado", que é usado como um adjetivo para descrever "o trabalho": o trabalho terminado.
A regra para o uso da vírgula nestes casos segue a lógica das orações adverbiais. Quando a oração principal estiver depois da subordinada, usa-se a vírgula para separá-las.
"Depois de estudar por horas, fiquei exausto."

---

[13] Retorne ao capítulo 2 para saber mais sobre os verbos na forma nominal.

> Nesta frase, a oração subordinada é "depois de estudar por horas", que é uma oração reduzida de tempo. A oração foi reduzida ao particípio "estudar", que é usado como um adjetivo para descrever o sujeito "eu".
> Quando a oração principal estiver antes da subordinada o uso é facultativo.
> "Fiquei exausto depois de estudar por horas."
> "Fiquei exausto, depois de estudar por horas."

Vamos pensar? 🤔
É importante lembrar que o uso da vírgula deve ser feito com cuidado, pois um mau uso pode mudar completamente o sentido de uma frase. Além disso, a pontuação também varia de acordo com o contexto e o estilo de escrita.
Veja este exemplo e pense se a resposta de Heloisa.
Exemplo
Heloisa trabalha em uma empresa há 2 anos. Na tarde de ontem, recebeu um email convidando-a para ser promovida a outro cargo. Ela, muito feliz, respondeu:
" - Eu aceito obrigada."
O seu chefe leu a resposta dela e ficou muito chateado, porque achava que ela iria ficar contente com a proposta. Por que o chefe de Heloísa ficou chateado com a resposta dada por ela?

Se você respondeu que foi a falta de vírgula depois da palavra aceito, acertou. Isso porque a resposta de Heloisa passa a ideia de que ela aceita a promoção por obrigação, por se sentir obrigada a fazer isso. A não ser que não esteja feliz de verdade pela promoção de cargo, Heloisa deveria responder:

"- Eu aceito, obrigada."

A vírgula separando a palavra obrigada, torna a expressão um agradecimento pela oportunidade dada pelo chefe.

CAPÍTULO 4

PRODUÇÃO DE TEXTO

Para compreender sobre produção de texto, é necessário entender o que é um texto.

O **texto** é **a manifestação linguística ordenada e organizada** pelo falante/escritor com o objetivo de comunicar e interagir com o ouvinte/leitor. Para ser considerado um texto, ele precisa possuir uma unidade de sentido. Se não há sentido, o que se tem é apenas um aglomerado de palavras ou frases. Por isso, um texto de qualquer gênero precisa possuir uma estrutura com palavras ou vocabulário, frases e parágrafos.

4.1 - Estrutura do texto: vocabulário, frase, parágrafos

O texto é formado por palavras que se organizam em frases que juntas formam períodos e parágrafos. Veja o conceito de cada um:

4.1.1 - Vocabulário

O vocabulário são as palavras com sentido atribuído pelo texto e pelo contexto.

Por exemplo, podemos ter uma mesma palavra com significados distintos a depender do contexto em que está sendo empregada. Veja o caso da palavra 'manga'.

- Aquela árvore está cheia de mangas.
(manga nessa situação é o nome dado a uma fruta)
- As mangas da camisa estão sujas.
(nessa situação, manga significa a parte de vestimenta que cobre os braços.)

Pode ocorrer também de se ter várias palavras para representar uma única coisa.

A relação entre vocabulário e produção de texto é a de que quanto mais vocabulário um falante/escritor tiver, maiores são as chances de ele conseguir se expressar com precisão e ser mais bem compreendido. Além disso, com um conhecimento de vocabulário maior, pode-se evitar alguns problemas como a repetição de palavras em seu texto, por exemplo.

"Portanto, quanto mais variado e ativo é o vocabulário disponível, tanto mais claro, tanto mais profundo e acurado é o processo mental da reflexão" (Garcia, 1986, p. 156)

Dica

Existem algumas **estratégias** para você ampliar e enriquecer o seu vocabulário e assim produzir bons textos.

- **ler** – ler textos dos mais diversos gêneros e nos mais variados contextos é uma boa estratégia para se ampliar vocabulário. Ler com atenção, procurando o significado das palavras menos usuais no dicionário.
- **escrever** – utilizar palavras que você considera novas em seu vocabulário para escrever os textos ou em sua fala. Ao utilizar as palavras novas, você pratica no contexto e consegue memorizar com mais facilidade.

- **elaborar resumos ou fazer paráfrases** – a paráfrase é um exercício muito bom, pois além de ajudar a conhecer novo vocabulário, ajuda a praticar reestruturação de frases. Ao reescrever o que o outro diz com as próprias palavras, faz com que o escritor execute o exercício de buscar sinônimos, analisar períodos oracionais, entre outras ações.

Cada palavra tem um sentido de acordo com o contexto em que ela está sendo empregada. No próximo tópico você verá o significado e uso de certas palavras e expressões.

4.1.1.1 - Significado e uso de certas palavras e expressões

Toda palavra é feita de significante e de significado. O significante é a palavra propriamente dita: é a junção das letras. O significado é a ideia que a palavra reporta.

O significante será sempre o mesmo, mas o significado vai depender do contexto em que a palavra está sendo empregada. O fenômeno de uma palavra ter vários sentidos chama-se polissemia.

Exemplo:

A palavra 'figura' pode significar, de acordo com o contexto, veja os significados dessa palavra de acordo com o dicionário:
- forma exterior de um corpo, de um ser; configuração;
- aspecto, aparência, estatura, configuração de pessoa humana: uma bela figura;
- personalidade marcante, vulto: as grandes figuras do passado;
- forma de representar algo visualmente; imagem, símbolo, emblema;

- forma imaginária que se dá aos seres metafísicos: estava no escuro e disse ter visto uma figura;
- representação por desenho, ilustração: livro com figuras;
- imagem que simboliza alguma coisa; símbolo: era a figura do mau.

Fonte: Dicio. Dicionário Online de Português. Disponível em: <https://www.dicio.com.br/figura/> Acesso em 20 de mar. de 2023.

> **Vamos pensar?** 🤔
> Leia as orações a seguir e pense sobre o significado da palavra:
> "Eu vou ao banco para sacar dinheiro."
> "Ele se sentou no banco do parque e leu um livro."
> "O banco de areia impediu a passagem do rio."
> "O banco de dados contém informações valiosas."

Nas orações anteriores, se você analisou e respondeu assim, pensou corretamente.
- "Ele se sentou no banco do parque e leu um livro." - Nessa oração, "banco" se refere a um assento comprido, geralmente feito de madeira ou metal, onde as pessoas podem se sentar.
- "O banco de areia impediu a passagem do rio." - Nesse contexto, "banco" refere-se a uma porção elevada de areia ou pedras que se forma no curso de um rio, alterando seu fluxo ou causando a formação de uma ilha temporária.
- "O banco de dados contém informações valiosas." - Nesse caso, "banco" se refere a um conjunto organizado de informações ou registros armazenados eletronicamente.

Além do sentido **denotativo**, as palavras podem ter sentido **conotativo**.
a) **sentido denotativo** - é aquele que originalmente foi atribuído a ela. É o seu sentido literal. Aquele que normalmente encontramos nos dicionários.
b) **sentido conotativo** - é aquele que é atribuído pela cultura, pelos falantes de forma figurada.

Na gramática, o sentido conotativo das palavras é determinado pelas **figuras de palavras. As figuras de palavras** fazem parte do tema **figuras de linguagem**.

> **Por que estudar isso?**
> O estudo das figuras de linguagem ajuda a aprimorar a comunicação, pois possibilita compreender e interpretar textos e discursos, literatura e a arte, além de desenvolver a criatividade e a expressão pessoal. Esses conhecimentos são essenciais para se tornar um leitor crítico e um comunicador eficaz.

As figuras de linguagem são recursos utilizados na comunicação escrita para tornar mais expressivas as mensagens. Podem ser divididas em: figuras de som, figuras de construção, figuras de pensamento e figuras de palavras.
a) **Figuras de som**: é uma figura de linguagem que se baseia na sonoridade das palavras para criar efeitos estilísticos e transmitir significados adicionais: aliteração, assonância e paronomásia.
b) **Figuras de construção**: é uma figura de linguagem que se baseia na organização sintática e estrutural das palavras e

frases para criar efeitos expressivos e transmitir significados adicionais. São elas: elipse, zeugma, polissíndeto, inversão, silepse, anacoluto, pleonasmo e anáfora.

c) **Figuras de pensamento**: é uma figura de linguagem que se baseia na forma como as ideias são expressas para transmitir significados além do sentido literal das palavras. São elas: antítese, ironia, eufemismo, hipérbole, paronomásia, gradação, apóstrofe.

Estas figuras são muito utilizadas em textos que permitem o sentido denotativo, por isso, não é recomendado utilizar estes recursos em textos em textos administrativos.

d) **figuras de palavras:** são recursos utilizados para dar maior expressividade à comunicação. Elas são: metáfora, metonímia, comparação, catacrese, sinestesia e antonomásia ou perífrase.

4.1.2 - Parágrafo

O parágrafo é uma união de um ou mais períodos em que se desenvolve uma ideia central que agrega outras ideias que complementam a ideia central. Os parágrafos existem para organizar as ideias em um texto. Um texto possui um tema geral que deve ser desenvolvido. Seu desenvolvimento pode ocorrer de diversas formas. A extensão de um parágrafo dependerá do desenvolvimento da ideia de seu núcleo.

Em geral, um parágrafo padrão possui a seguinte estrutura: um **tópico frasal**, que representa a introdução do assunto, o **desenvolvimento**, isto é, uma explanação da ideia núcleo e às vezes uma **conclusão**.

Veja um exemplo:

"A qualidade do ensino, tão necessária e preconizada para que nossa população possa alcançar melhores níveis de qualidade de vida e maior competência no enfrentamento de seus anseios de desenvolvimento, passa pela garantia de variados processos e condições interligados, envolvendo múltiplos aspectos internos e externos à escola e aos sistemas de ensino." (Luck, 2006, p. 28-29)

> **Vamos pensar?** 🤔
> Leia o parágrafo a seguir e identifique o tópico frasal, desenvolvimento e a conclusão.
> " Existem inúmeros benefícios associados à prática regular de exercícios físicos. Em primeiro lugar, a atividade física regular contribui para a melhoria da saúde cardiovascular. Quando nos exercitamos, o coração é estimulado a trabalhar mais, o que fortalece os músculos cardíacos e melhora o fluxo sanguíneo. Além disso, os exercícios ajudam a controlar os níveis de colesterol e pressão arterial, reduzindo o risco de doenças cardíacas. Além dos benefícios cardiovasculares, a prática de exercícios também promove o fortalecimento muscular e o aumento da flexibilidade. Os músculos se desenvolvem e ficam mais resistentes, reduzindo o risco de lesões e melhorando a postura. A flexibilidade, por sua vez, contribui para a manutenção da amplitude de movimento das articulações, prevenindo problemas como a rigidez muscular e a perda de mobilidade. Além dos aspectos físicos, os exercícios também exercem um impacto positivo na saúde mental. Durante a prática, o corpo libera endorfina, neurotransmissor associado à sensação de bem-estar, o que contribui para o alívio do estresse e da ansiedade.

> Além disso, o exercício físico regular melhora a qualidade do sono e pode ajudar no combate à depressão. Diante de todos esses benefícios, fica claro que a prática regular de exercícios físicos é essencial para uma vida saudável e equilibrada."
>
> Fonte: texto elaborado pela autora

Se você dividiu assim, acertou!

Tópico frasal: A prática regular de exercícios físicos traz benefícios para a saúde em diversas áreas.

Desenvolvimento: Existem inúmeros benefícios associados à prática regular de exercícios físicos. Em primeiro lugar, a atividade física regular contribui para a melhoria da saúde cardiovascular. Quando nos exercitamos, o coração é estimulado a trabalhar mais, o que fortalece os músculos cardíacos e melhora o fluxo sanguíneo. Além disso, os exercícios ajudam a controlar os níveis de colesterol e pressão arterial, reduzindo o risco de doenças cardíacas. Além dos benefícios cardiovasculares, a prática de exercícios também promove o fortalecimento muscular e o aumento da flexibilidade. Os músculos se desenvolvem e ficam mais resistentes, reduzindo o risco de lesões e melhorando a postura. A flexibilidade, por sua vez, contribui para a manutenção da amplitude de movimento das articulações, prevenindo problemas como a rigidez muscular e a perda de mobilidade. Além dos aspectos físicos, os exercícios também exercem um impacto positivo na saúde mental. Durante a prática, o corpo libera endorfina, neurotransmissor associado à sensação de bem-estar, o que contribui para o alívio do estresse e da ansiedade. Além disso, o exercício físico regular melhora a qualidade do sono e pode ajudar no combate à depressão.

Conclusão: Diante de todos esses benefícios, fica claro que a prática regular de exercícios físicos é essencial para uma vida saudável e equilibrada.

O tópico frasal apresenta a ideia central de que a prática regular de exercícios físicos traz benefícios para a saúde em diversas áreas. O desenvolvimento do parágrafo explora essa ideia, apresentando argumentos e exemplos que sustentam essa afirmação, abordando os benefícios para a saúde cardiovascular, o fortalecimento muscular, a melhora da flexibilidade e os impactos positivos na saúde mental. A conclusão retoma as ideias apresentando os benefícios do hábito saudável de saúde.

Aqui seguem alguns tipos de introdução e desenvolvimento que podem ser usados em seus textos:

Sugestões de tipos de introdução	Exemplos
a) **declaração inicial** – é a mais comum. Apresenta a ideia que será desenvolvida ou uma tese.	Os dias de hoje estão causando pânico na população...
b) **definição** – apresenta um conceito, uma definição.	"Estilo é a expressão literária de ideias ou sentimentos". Fonte: Garcia: 1986, p. 209
c) **divisão** – apresenta a divisão ou a discriminação de ideias que serão desenvolvidas.	A poluição pode ser sonora, do ar, das águas e do solo.
d) **alusão histórica** – apresenta um fato histórico para contextualizar ou instigar a curiosidade do leitor.	Em 1932, uma grande manifestação popular solicitava que o país implantasse eleições diretas para presidentes da nação e pediam a saída de Getúlio Vargas.

Sugestões de tipos de introdução	Exemplos
e) **interrogação** – o autor coloca uma pergunta para instigar o leitor a buscar a resposta no desenvolvimento.	Quem poderá saber quais serão os efeitos dessa pandemia que estamos vivendo?

Fonte: Elaborado pela autora

Sugestões de tipos de desenvolvimento para as introduções sugeridas.	Introdução	Análise do Exemplo do **desenvolvimento**
a) **enumeração ou descrição de detalhes** – o desenvolvimento faz a descrição ou enumeração do que foi apresentado no tópico frasal/ introdução.	A poluição pode ser sonora, do ar, das águas e do solo.	Nesse desenvolvimento, o autor pode desenvolver tratando sobre a poluição sonora, em seguida do ar e depois das águas. Pode descrevê-las, explicá-las.

Sugestões de tipos de desenvolvimento para as introduções sugeridas.	Introdução	Análise do Exemplo do **desenvolvimento**
b) **confronto/contraste** – esta é uma forma de desenvolvimento que traz consigo um caráter argumentativo, pois faz reflexões, confronta, contrasta ideias que está no tópico frasal para a reflexão do leitor.	Quem poderá saber quais serão os efeitos dessa pandemia que estamos vivendo?	Essa é uma boa estratégia para o desenvolvimento, a interrogação proposta na introdução gera a expectativa. No desenvolvimento o autor pode apresentar pontos positivos e negativos sobre a questão.
c) **analogia/comparação** – nessa estratégia, o autor do texto pode usar fatos ou situações que sirvam de comparação para elucidar o leitor.	Em 1932, uma grande manifestação popular solicitava que o país implantasse eleições diretas para presidentes da nação e pediam a saída de Getúlio Vargas.	Com essa introdução, o autor pode fazer o desenvolvimento por meio da comparação dos movimentos que ocorreram em 1983, 1984 e 1985 em relação às diretas já ao movimento que ocorreu em 1932. Por ser um movimento que ocorreu mais recentemente, pode ser um bom comparativo para o leitor entender o que ocorreu em 1932.

Sugestões de tipos de desenvolvimento para as introduções sugeridas.	Introdução	Análise do Exemplo do **desenvolvimento**
d) **citação de exemplos** – nesse tipo de introdução o autor pode usar exemplos para desenvolver. Como estamos fazendo aqui em nosso texto, que apresentamos os conceitos e colocamos exemplos para que você possa entender o conceito em um contexto prático	A poluição pode ser sonora, do ar, das águas e do solo.	Para essa introdução o autor pode elaborar um desenvolvimento usando exemplos de tipos de poluição sonora, do ar e das águas: barulhos dos veículos nas ruas, emissão de gás carbono dos escapamentos dos carros, lixos jogados em córregos.
e) **causa e consequência** – nesta estratégia, o autor pode desenvolver tratando sobre as causas e consequências do tema abordado no tópico frasal/introdução.	A poluição pode ser sonora, do ar, das águas e do solo.	Neste caso o autor pode dizer quais são as causas da poluição sonora, do ar, das águas e do solo apresentando o que leva a poluição acontecer e quais consequências elas trazem para a sociedade.

Fonte: Elaborado pela autora

> **Dica**
> Aprofunde a leitura sobre o assunto na obra de Othon M. Garcia "Comunicação em prosa moderna". Ele propõe na terceira parte "O parágrafo" sugestões de tipos de introdução e de desenvolvimento para textos do tipo dissertativos (expositivos e argumentativos).
> Para que em sua produção textual você possa se certificar de que fez um parágrafo adequadamente, a dica é: ao reler seu texto, marque, sublinhe, destaque qual é a ideia central do parágrafo. Se perceber que há mais de uma ideia central, então deve dividir o período em mais parágrafos, tantos os que forem os temas centrais destacados.

4.2 - Coesão e coerência textuais

A coesão e a coerência textual são estratégias que fazem com que várias palavras juntas se tornem um texto. Como você já viu anteriormente, um texto é a composição de ideias com unidade de sentido.

A **coerência** é responsável pelo sentido gerado na relação entre as ideias de um texto. Ela é **estabelecida na interação e na interlocução dentro do contexto dos envolvidos na estrutura comunicacional**. O que faz a coerência de um texto é a interpretação realizada pelo interlocutor/leitor. Este receptor é quem pode garantir a coerência de um texto. Se o receptor não compreende o texto, então para essa situação de leitura o texto não é coerente.

Para se garantir a coerência de um texto, o autor/produtor do texto deve considerar alguns requisitos durante sua composição.

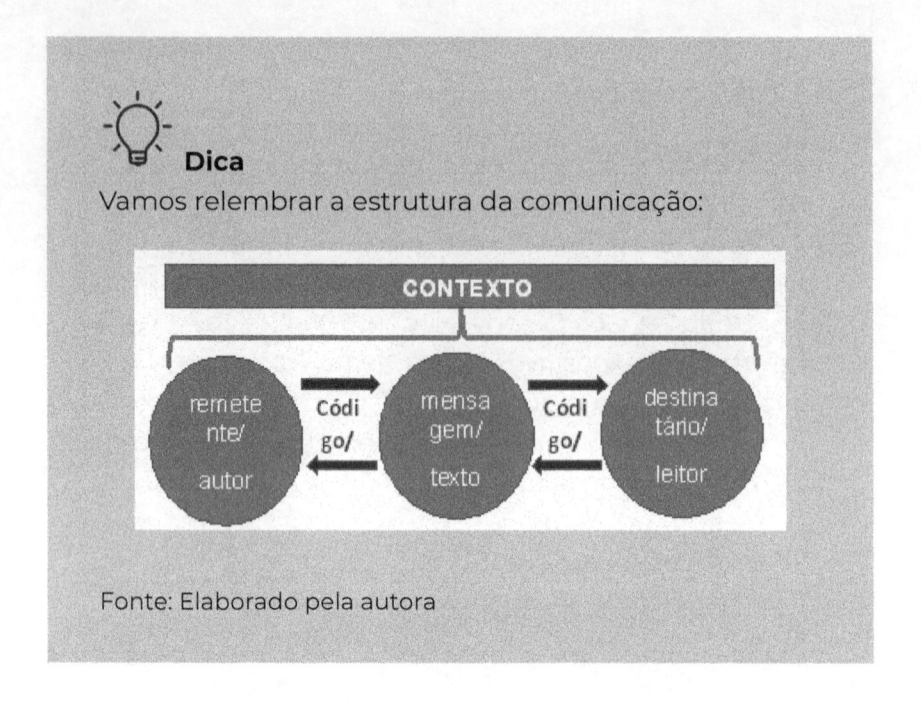

> **Dica**
> Vamos relembrar a estrutura da comunicação:

```
                        CONTEXTO

    remetente/  →  Código/  →  mensagem/  →  Código/  →  destinatário/
    autor          ←            texto        ←            leitor
```

Fonte: Elaborado pela autora

4.2.1 - Fatores de coerência textual

A coerência textual garante a relação lógica e harmoniosa entre as ideias e informações apresentadas ao longo de um texto, de modo que todas as partes se conectem de maneira clara e consistente. Veja alguns fatores que devem ser considerados no ato da comunicação:

a) **intencionalidade** – a intencionalidade refere-se às estratégias utilizadas pelo emissor para atingir as suas intenções comunicativas. A intenção pode ser a de declarar, afirmar, informar, sugerir, pedir, ordenar, desabafar, argumentar, narrar, explicar, entreter entre outros;

b) **aceitabilidade** – o emissor tem de estar atento ao contexto em que está inserido o receptor, para isso, deve-se considerar alguns conhecimentos que envolvem a estrutura da comunicação;

c) **conhecimento linguístico** – este fator é super importante, pois se o leitor tem de conhecer o idioma que está sendo utilizado e o vocabulário empregado. Não adianta nada você utilizar palavras cujo interlocutor/leitor desconheça para se comunicar, pois ele não entenderá nada e o texto ficará incoerente;

d) **conhecimento de mundo e conhecimento partilhado** – ao produzir um texto, leva-se em consideração o conhecimento de mundo do leitor. Para que você possa entender melhor isso veja o exemplo: falar com uma criança não é o mesmo que falar com um adulto. Não utilizamos o mesmo vocabulário para uma criança que utilizamos para um adulto. Outra situação: o conhecimento de mundo de um médico é diferente de um não médico. O texto que faz sentido e é coerente para um médico, pode não ser para um leigo no assunto. O emissor e o receptor têm de partilhar os conhecimentos que estão sendo transmitidos pela mensagem;

e) **inferências** – as inferências são os conhecimentos não explícitos no texto. São os pressupostos. A piada é um excelente exemplo. Se o receptor não consegue entender o que está pressuposto e subentendido no texto, não dá risada da piada. O receptor tem de acessar seus conhecimentos de mundo e suas experiências para fazer a inferência. Por isso que a piada é muito regional. Em filmes estrangeiros, por exemplo, se as piadas são traduzidas ao pé da letra, nem sempre produzem o efeito da graça e do riso que são os objetos destes gêneros.

4.2.2 - Fatores de coesão textual

A **coesão textual** está relacionada a uma estratégia da microestrutura textual. Ela refere-se à estrutura da sequência das palavras na superficialidade do texto. São as relações entre os vocabulários em um texto. A coesão ajuda a estabelecer a coerência, mas não a garante. Isso porque tudo depende de quem está na estrutura da comunicação e de seu contexto.

No próximo tópico, você estudará os mecanismos de coesão textual.

4.2.2.1 - Mecanismos e tipos de coesão textual

Os mecanismos da coesão textual referencial são: **coesão referencial e coesão sequencial**.

a) **coesão referencial** – a coesão referencial é responsável pela conexão entre as palavras e expressões em um texto. Ela elimina o problema de repetição no texto.

Exemplos:

As lojas de automóveis estão vendendo seus automóveis mais baratos, porque não colocam os acessórios nos automóveis. Os clientes vão às lojas de automóveis e escolhem os acessórios que desejam colocar nos automóveis e pagam somente pelos acessórios que querem. Os clientes ficam mais satisfeitos com essa nova forma de comprar os automóveis. As lojas de automóveis conseguem vender mais automóveis[14].

Veja quantas repetições há neste parágrafo. Você até consegue entender a mensagem, mas há um "mal estar" na repetição de tantas palavras.

Para resolver isso, há dois mecanismos de coesão que são feitos pela **substituição** ou pela **omissão** das repetições. As substituições podem ocorrer por meio do uso de pronomes, por sinônimos, por metonímias.

Veja como o exemplo anterior pode ficar com a utilização de tais mecanismos:

"As lojas de automóveis estão vendendo seus **carros** mais baratos, porque não colocam os acessórios **neles**. Os clientes vão às lojas e escolhem os acessórios que desejam colocar e pagam somente pelo que querem. Os clientes ficam mais satisfeitos com essa nova forma de comprar. As lojas conseguem vender mais **produtos**."

---

[14] Texto adaptado
Fonte: ABREU, A. S. *Curso de redação*. SP: Ed. Ática, 2004, p. 24.

Há a substituição de automóveis por **carros** (sinônimo), há a substituição de automóveis por **neles** (pronome - em + eles), há a omissão da palavra automóveis. Há a substituição da palavra automóvel, por **produto**. (metonímia).

> **Dica**
> Para que este problema seja identificado em seu texto, você deve relê-lo sempre após produzi-lo. Uma dica é destacar as palavras ou expressões que estão repetidas. Depois escolher qual estratégia será mais adequada para a situação. Por isso, é importante que você tenha um rico e vasto vocabulário, além de conhecer bem como utilizar os pronomes.

b) **coesão sequencial** – o mecanismo de coesão sequencial tem por função fazer o texto progredir, facilitando o fluxo informacional. Pode ocorrer **por sequenciação temporal e por conexão.**

- **Coesão sequencial por sequenciação temporal** – este mecanismo pode ser obtido por meio da ordenação linear dos elementos.

Exemplo:
- Acordei cedo, escovei os dentes, troquei a roupa, tomei o café da manhã, coloquei os sapatos, abri a porta e saí de casa.
- A pesquisa foi realizada em três partes: **primeiro** a de observação, **depois** a de experimento com a medicação, **por fim** a observação do resultado.

Perceba que as expressões assinalam a ordenação ou continuação das sequências temporais.

- **Coesão sequencial por conexão** – a coesão por conexão é estabelecida por meio do uso das conjunções, expressões de conexão e da pontuação. Estes elementos são chamados de **operadores discursivos**. Estes operadores são as **conjunções ou expressões** que podem estabelecer a relação de adição, causa e consequência, oposição, proporção, condição e comparação.

Tipo	Exemplo
adição	Ele toma banho **e** escova os dentes. Ele **nem** toma banho, **nem** escova os dentes.
causa e consequência	Choveu muito, **por isso** deu enchente na cidade. Deu enchente na cidade, **porque** choveu muito.
oposição	Ele estudou muito, **mas** não foi aprovado. **Embora** ele tenha estudado muito, não foi aprovado.
proporção	**Na medida em que** ele treina, mais forte ele fica. **Conforme** os dias vão passando, a crise vai indo embora.
condição	Você só vai sair de casa, **se** antes limpar seu quarto. **Se** ele chegar, eu aviso a você.
comparação	Ela é bonita **como** uma miss. As crianças são **como** anjos na terra.

Fonte: Elaborado pela autora

4.3 - Escrita de redação

Qualquer produção textual, de qualquer gênero e em qualquer contexto, deve ser revisada antes de finalizada. Ao escrever, estamos produzindo em palavras as ideias que temos. O que ocorre, é que muitas vezes o que é claro e compreensível para o autor do texto, pode não ser compreendido pelo leitor. Mesmo que você, ao escrever, tenha o cuidado com todos os fatores de coesão e coerência em sua produção, será na releitura do texto que você vai identificar os possíveis problemas em sua produção.

Se for possível realizar a revisão de seu texto um texto após um tempo e não imediatamente ao final de sua produção, a chance de encontrar mais problemas será maior, pois revisar imediatamente ao final, você não vai ler as palavras, mas a ideia, então problemas de digitação, por exemplo, podem ser ignorados.

Veja só um exemplo a seguir que demonstra que a gente lê a ideia e não a palavra.

Se vcoê etsá cnosigdenuo ler etse txteo é pqoure rcnheoece as plavraas por saus lrteas.

Seu cérebro as organiza automaticamente se a primeira e a última letra estiverem no lugar correto.

Por isso que o distanciamento do texto permite uma revisão mais precisa.

Aqui, você verá alguns passos que o auxiliarão em sua revisão de texto. Sua revisão ocorrerá por meio de 7 análises que podem ser feitas separadamente ou em conjunto, conforme a prática que vai adquirindo.

a) **Gênero do texto**: observar o contexto de comunicação para identificar se o gênero está de acordo.

> **Importante**
> O termo "gênero de texto" aqui não está sendo usado como gênero de palavras, pois se refere a diferentes categorias ou tipos de textos que podem ser identificados com base em suas características, propósitos e estruturas.

> **Dica**
> Falamos mais sobre isso no capítulo 7, em que tratamos de **A produção de texto de acordo com o contexto.**

b) **Análise da coesão referencial**: ler o texto observando se há repetições de palavras ou de expressões que sejam desnecessárias para a compreensão do texto.

Exemplo:

Em discussão quanto a Plutão ser ou não ser o nono **planeta** do **Sistema Solar** no mundo, a NASA admitiu que as chances de haver um **décimo planeta** ainda não descoberto nos confins de nosso **Sistema Solar** são grandes. A notícia do **décimo planeta** explodiu porque reacendeu a discussão quanto à existência do **planeta** Nibiru, que seria o **planeta** responsável pelo fim do **Sistema Solar**.[15]

---

[15] Fonte: NASA admite que evidências da existência do Planeta Nove são válidas. Disponível em https://canaltech.com.br/internet/retrospectiva-as-10-noticias-que-mais-bombaram-em-2017-105464/. Acesso em 30 abr. 2023. (Adaptado)

Outro problema relacionado à análise está na **coesão temporal**.
c) **Análise da continuidade das ideias**: ver se você conseguiu começar e terminar o texto falando sobre o mesmo tema. A fuga do tema, durante a redação é algo comum, pois quando escrevemos, estamos desenvolvendo a ideia na qual pensamos. Não pensamos de forma organizada, mas temos de escrever de forma organizada. Identificar qual é o tema abordado na introdução e ver se ao final ele foi atendido é observar a continuidade na redação.
Exemplo:
"A violência nas grandes cidades
A violência é um problema que as grandes cidades vivem atualmente. Há muitos roubos, assassinatos e sequestros.
Muitos idosos sofrem com a violência, pois são assaltados por serem mais frágeis e sofrem violência.
O grande problema dessa situação é a falta de educação de qualidade. Os jovens e as crianças ficam a mercê de um ensino de baixa qualidade, não aprendem valores nem atitudes de boa convivência e cidadania.
As crianças ficam nas ruas, não têm boa alimentação e não têm pais para educá-los. Muitas não têm nem comida para sobreviver.
O Estado teria de ajudar as crianças a terem uma condição de vida mais adequada, já que estão em fase de crescimento."
Fonte: Elaborado pela autora

Observe que a introdução do texto está falando sobre a **violência nas grandes cidades**, mas a conclusão **não** dá **continuidade** ao proposto na introdução, pois fala sobre a questão da educação das crianças. Em cada parágrafo há um assunto e eles não têm relação um com o outro.
d) **Análise da progressão das ideias**: se você não foi capaz de apresentar a informação nova, não conseguirá progredir na ideia. Seu texto não será informativo. Por isso, ao revisar

seu texto, observe se colocou informações novas sobre o tema a ser abordado.

Exemplo:

"As pessoas são egoístas, só pensam em si mesmas e não pensam no próximo."

Não há progressão de ideia nessa frase, pois as três orações falam sobre o mesmo assunto: sobre o egoísmo. É óbvio que as pessoas egoístas só pensam em si mesmas e se pensam em si mesmas, não pensam no próximo.

e) **Análise da coesão sequencial**: verificar se utilizou os operadores adequados na sequenciação por conexão (conjunções, elementos de ligação entre as orações) e a conexão temporal.

Exemplo:

"José é um carpinteiro notável, nasceu em uma casa que ele construiu com suas próprias mãos."

Como é possível José ter construído a casa em que nasceu?

"As mulheres não podem ficar de braços cruzados e mãos nos bolsos em relação à violência doméstica."

Como é possível as mulheres ficarem de braços cruzados e mãos nos bolsos ao mesmo tempo?

f) **Análise das não-contradições**: verificar se as relações entre as ideias não ocasionam contradições.

Exemplo:

No nosso país não há censura, mas apenas o limite do que a imprensa pode publicar.

Nesse caso, há uma contradição, pois limitar o que a imprensa pode publicar é censura.

g) **Análise linguística**: verificar a correção ortográfica, correção gramatical: concordância verbal e nominal, regência verbal e nominal, colocação pronominal e pontuação. Esta é a última etapa, pois ao fazer as outras etapas, você fará várias alterações. Se for no computador que o texto estiver escrito, a atenção deve ser redobrada, pois as ferramentas de copiar e colar podem deixar problemas gramaticais.

Para se redigir um bom texto, todos os fatores de coesão e de coerência devem ser observados e sempre deve haver a releitura e a revisão da redação.

Escrever um bom texto exige muita dedicação. Ser compreendido por quem o lê e não ser mal interpretado, não é tarefa fácil. Você tem de se atentar a diversos fatores e principalmente o que se relaciona ao contexto.

Saber para quem você está escrevendo e em que contexto situacional é o primeiro passo para iniciar sua produção. Um texto não é escrito para ser guardado em uma gaveta ou em um documento em uma pasta de um computador, mas é para ser lido. O texto, seja qual for o seu gênero, tem como principal função comunicar.

CAPÍTULO 5

SINTAXE DE CONCORDÂNCIA

O que é concordância? Veja a origem da palavra. A palavra concordância é uma derivação da palavra concordar, que tem origem no latim *concordare*. Esta palavra tem o sentido de pôr de acordo, estar de acordo, em harmonia. Seu sentido não é diferente quando se está se referindo a gramática.

A sintaxe de concordância é uma área da gramática que trata da concordância entre os elementos de uma frase, ou seja, da harmonia gramatical entre as palavras e as estruturas sintáticas presentes. Essa concordância envolve principalmente o ajuste das flexões verbais, dos pronomes, dos determinantes, dos adjetivos e dos numerais em relação aos substantivos, bem como a concordância do verbo com o sujeito. Isto quer dizer que o vocábulo determinante deve estar em harmonia e de acordo com o vocábulo determinado em gênero (masculino e feminino), número (plural ou singular) e pessoa (eu, tu, ele, nós, vós, eles).

A concordância pode ser verbal ou nominal.

5.1 - Concordância verbal

A concordância verbal ocorre quando o verbo se flexiona para concordar com o sujeito em número e pessoa.

Em relação às palavras que são determinantes e determinadas, na concordância verbal, como o próprio nome diz, há o verbo relacionado. Ele é o elemento condutor da análise da oração quando o assunto for concordância verbal.

Ele sempre será a palavra determinada, quando houver um sujeito, que terá o seu núcleo como palavra determinante.

Por isso, compreender o que é a **classe gramatical** do **verbo** é muito importante. Em **relação aos elementos sintáticos** que devem ser considerados na análise da concordância devem-se considerar o **sujeito e o predicado**.

5.1.1 - Tipos de sujeito

O sujeito é a parte da oração que realiza ou sofre a ação expressa pelo verbo. Existem diferentes tipos de sujeito na língua portuguesa, cada um com características específicas. Alguns dos principais tipos de sujeito são:

a) **Sujeito simples**: É aquele que possui apenas um núcleo (um substantivo ou um pronome) que concorda em número e pessoa com o verbo da oração. Exemplo: "Maria estuda todos os dias".

b) **Sujeito composto**: É constituído por dois ou mais núcleos, ligados por uma conjunção (como "e", "nem", "ou") ou por vírgula. Exemplo: "O João e a Maria saíram juntos".

c) **Sujeito oculto ou desinencial**: Também conhecido como sujeito elíptico, é aquele em que o sujeito está implícito no verbo, mas pode ser facilmente identificado pela terminação verbal. Exemplo: "Cheguei tarde." (O sujeito oculto é "eu", que está implícito no verbo "cheguei").

d) **Sujeito indeterminado**: É utilizado quando não se consegue identificar ou não se quer mencionar o sujeito da ação verbal. Nesses casos, o verbo fica na terceira pessoa do singular. Exemplo: "Disseram que o show foi incrível".

e) **Sujeito inexistente**: Também chamado de sujeito inexpressivo, ocorre nas orações em que o verbo é impessoal, ou seja, não há uma pessoa ou coisa que pratique a ação. É comum em verbos relacionados a fenômenos da natureza, como chover, nevar, trovejar etc. Exemplo: "Choveu muito ontem".

> **Por que estudar isso?**
> Não é importante saber exatamente os nomes dados aos tipos de sujeito, mas é necessário identificá-los, pois na análise da concordância verbal, identificar o sujeito, reconhecer a pessoa e o número são importantes para poder saber como usar o verbo.

5.1.2 Tipos de concordância verbal

Todas as regras da gramática da norma culta possuem casos gerais e casos especiais.

I) **casos gerais** são mais fáceis de compreender, pois seguem um sintagma (oração ou frase) em que apenas os paradigmas (palavras) são alterados. O sujeito, seja qual for, tem de concordar com o verbo em pessoa e número.

Veja o exemplo:
- Os pássaros **voam** no céu azul.

  O sujeito está na terceira pessoa do plural – **os pássaros**, então:

  o verbo também fica na terceira pessoa do plural – **voam**.

- **Nós vamos** viajar.

  O sujeito está na primeira pessoa do plural – **nós**, então:

  o verbo também fica na primeira pessoa do plural – **vamos**.

  Vamos ver alguns outros casos em que o sujeito possui regra de concordância específica.

II) casos específicos
a) sujeito coletivo
Quando o sujeito estiver representado por um **coletivo**, mesmo sendo uma palavra que represente um grupo de mais de um, sempre terá sua **concordância no singular**.

> **Dica**
> A lógica, nesse caso, pode ser explicada pelo fato de que um coletivo é uma palavra que está no singular. Basta colocarmos um artigo ao lado do coletivo e veremos que não há plural na palavra.
> Exemplo: time, enxame, povo, assembleia, rebanho.
> **O time jogou ontem**.
> Artigo definido 'o' está no singular, o verbo fica no singular.
> A não ser que haja mais de um enxame, então o verbo ficará no plural.
> **Os times** jogaram ontem.
> Outro exemplo:
> **A multidão** partiu para frente do congresso.
> **As multidões** fizeram manifestação no país inteiro.

> **Curiosidade**
> Sabia que quando você fala 'enxame de abelhas' está cometendo um erro de pleonasmo ou tautologia? Seria o mesmo que dizer 'subir para cima', 'encarar de frente' ou 'gritar alto'. Se o que se está dizendo é enxame, então só pode ser de abelhas. Todavia, é muito comum ouvirmos coletivos sendo utilizados em outras circunstâncias ou com especificações. Como sabemos, a língua é viva e quem a fala pode criar sobre ela. Então, ouvimos muito, por exemplo, as pessoas utilizando coletivos redundantes como forma de enfatizar algo ou dar um significado diferente ou mais poético ao que se quer dizer.
> Por exemplo:
> Quero encará-lo de frente. (Encarar só pode ser de frente, pois não dá para encarar com as costas.)
> Tenho certeza absoluta. (Certeza sempre é absoluta. Não há certeza duvidosa.)

b) **sujeito com locução um ou outro/uma ou outra**

Mesmo dando a impressão de um sujeito composto, pois há dois núcleos, há nesse caso a ideia de exclusão, não serão os dois a fazerem algo, mas um ou outro.

A concordância será singular por essa razão.

Exemplo: Um ou outro fará o trabalho da faculdade.

c) **sujeito com núcleos ligados com as conjunções 'ou' e 'nem'**

A concordância aqui será o plural quando ocorre a ideia é a de sujeito composto.

Exemplo:

Mas deve-se atentar se esta ligação pelas **conjunções 'ou' e 'nem'**. A concordância pode ocorrer no plural ou singular.

Se as conjunções 'ou' e 'nem' podem ser trocadas pela conjunção aditiva 'e' e o sentido da oração não for prejudicado, a concordância ocorrerá no **plural** porque a ideia é de **alternância** ou **adição**.
Exemplos:
Alimentos **ou** roupas são aceitos como doação.
Ou seja, a pessoa pode doar somente roupas, ou somente alimentos, ou os dois, como desejar.
Nem roupas **nem** alimentos serão desperdiçados.
Nenhum dos dois serão desperdiçados.
A concordância será **singular** quando o sentido for de **exclusão**.
Exemplos:
José ou Pedro será o Presidente da República.
O cargo de Presidente da República só pode ser exercido por uma única pessoa, por isso o uso do singular.

d) **sujeito com núcleos ligados pela preposição 'com'**
Nestes casos, a intenção do autor conta ao escolher que tipo de concordância. Pela lógica, a conjunção "com" possui a ideia de adição. Todavia, se na escrita, o autor deseja demonstrar a preferência entre os implicados nos núcleos do sujeito, usará o singular. Todavia, o uso do plural é mais recomendado.
Exemplos:
A mãe com a filha viajaram para Portugal.
Se o autor tem a intenção de realçar o primeiro núcleo, pode colocar singular.
O médico com o paciente **dirigiu-se** ao centro cirúrgico.

e) **sujeito nomes próprios no plural**
Há alguns nomes próprios que são formados no plural. Por exemplo: Minas Gerais, Cordilheiras dos Andes, Maldivas, Estados Unidos. É regra que estas palavras quando **não estão acompanhadas por artigos definidos permanecem no singular**, por representarem um lugar.

Exemplos:
Minas Gerais é encantadora.
Maldivas é linda para se viajar.
Cordilheiras dos Andes é mágica.
Estados Unidos investe em tecnologia.
Quando há o **artigo acompanhando o nome próprio no plural**, então a **concordância** exigirá o **plural**.
Exemplos:
As Minas Gerais são encantadoras.
As Maldivas são de grande beleza.
As cordilheiras dos Andes são mágicas.
Os Estados Unidos investem em tecnologia.
Neste caso, pode-se usar como raciocínio lógico o exemplo do coletivo. Se há o artigo definido, o verbo concorda com este artigo.

f) **sujeito com a expressão mais de um**
Pela lógica, por ser mais de um, a ideia de concordância no plural parece a mais correta. Entretanto, não é. Quando há a expressão **MAIS DE UM/ MAIS DE UMA** e não há a ideia de reciprocidade, **o verbo fica no singular**.
Exemplo:
Mais de um professor foi à comemoração.
Só ocorre o plural se há a ideia é a de reciprocidade.
Mais de um professor **cumprimentaram-se** na comemoração.
Cumprimentar-se é um ato recíproco. Como ocorre também com os verbos beijar, abraçar, por exemplo.

g) **sujeito com locuções partitivas: a maioria, a maior parte, o menor número, grande quantidade, grande parcela etc.**
Estas expressões podem estar acompanhadas de substantivo ou não. Se **não estiverem seguidas de substantivo**, o verbo sempre ficará no **singular**.

Exemplos:
A **maior parte** votou contra.
Grande parcela está em dúvida.
Quando esse sujeito estiver acompanhado por um **substantivo no plural**, o verbo poderá ficar no **singular ou plural a depender da intenção do autor**. Se ele deseja dar ênfase à locução partitiva, mantém o verbo no **singular**, mas deseja dar ênfase **ao substantivo plural**, coloca no **plural**.
Exemplos:
A maioria dos jovens é viciada em celulares.
A maioria d**os jovens são viciados** em celulares.

h) **sujeito com expressões um dos que/umas das que/**
A concordância nesse caso também dependerá da intenção do autor. Se ele quer ou não destacar o indivíduo dentro do grupo ou não. Se ele quer destacar o indivíduo, vai usar o singular.
Exemplos:
A **professora** foi uma das que mais me **ajudou**.
Ele foi **um dos** amigos **que** mais me **ajudaram.**

i) **sujeito com expressões mais de, menos de, cerca de**
Quando o sujeito tiver com estas expressões, o verbo concorda com o numeral que acompanha a expressão. Mesmo que na lógica, a expressão 'mais de uma' signifique duas ou mais, o verbo permanece no singular.
Exemplos:
Mais de **uma** pessoa **quis viajar** naquele trem.
Mais de **duas** pessoas **quiseram** viajar naquele trem.

j) **sujeito fração**
A lógica da concordância da fração é de acordo com o numerador da fração.
Exemplos:
Dois terços deles **foram** aprovados.
Um quarto **será** doado para instituições beneficentes.

k) **sujeito pronome interrogativo ou indefinido**
Se o sujeito for composto por **pronome interrogativo** (que, quem, qual e quanto) ou **indefinido** (algum, todo, outro, muito, pouco, certo, vários, tanto, quanto, qualquer) e este pronome estiver no plural, a concordância será o verbo estar no plural e poderá ou não concordar com a pessoa do discurso.
Exemplos:
Quais de nós **iremos/irão** ao clube.

l) **sujeito for composto depois do verbo**
Neste caso, há duas possibilidades de concordância: o verbo pode ficar no plural ou no singular concordando com o termo mais próximo.
Exemplos:
Voltaram ao restaurante o **garçom e a garçonete**.
Voltou ao restaurante o **garçom** e a garçonete.
Voltamos para casa **eu e você**.
Voltei para casa **eu** e você.
Se o sujeito composto estiver antes do verbo, só há uma concordância: plural.

m) **sujeito com núcleos ligados com 'não só... mas também, tanto...como**
Nestes casos, porque dá ideia de adição dos núcleos, **usa-se o plural na concordância**.
Exemplo:
Não só **as alunas**, mas também **os alunos foram** premiados.
Tanto **eu** quanto **ele saímos** ontem à noite.

n) **sujeito composto por uma sequência de palavras resumidas ao final por um pronome indefinido como: tudo, nada, ninguém etc.**
Neste caso, a concordância ficará no singular, porque estará concordando com o pronome indefinido.

Exemplo:
Sol, chuva, vento, tempestade, **nada resiste** a minha coragem.

o) **sujeito composto por palavras sinônimas ou quase sinônimas**
Pela lógica, a ideia seria a de colocar o verbo no plural, pois são duas palavras. Mas pelo sentido da oração deve-se colocar o verbo no singular, já que representa o mesmo significado.
Exemplo: Muita **raiva** e muito ódio domina os seus pensamentos.

p) **sujeito com verbos no infinitivo como núcleo**
Se os verbos no infinitivo do sujeito composto estiverem acompanhados por artigos e então substantivados, o verbo do predicado vai para o plural.
Exemplo:
O **brincar** e o **sonhar** eram seus principais motivos de viver.
Se os verbos no infinitivo dos sujeitos não estiverem com artigos, então a concordância é singular.
Exemplo:
Gritar e **sofrer** é a sua vida.

q) **sujeito com pronomes relativos que ou quem**
Se o sujeito for o pronome **'que'**, o verbo vai concordar com o antecedente desse pronome.
Exemplo: Fui **eu** que **fiz** as tarefas todas.
Se o sujeito for o pronome relativo **quem**, o autor pode escolher qual concordância deseja. Ou na 3ª pessoa, ou com o antecedente desse pronome.
Exemplo:
Fui **eu** quem **fiz** todas as tarefas.
Fui **eu** quem **fez** as tarefas todas.

r) **sujeito percentagem/porcentagem**
Há uma polêmica em relação a essa concordância já que as gramáticas tradicionais não fazem referência a isso. Então,

usa-se a lógica para realizar essa concordância. Se há mais de 1%, opta-se pelo plural. Todavia, se o percentual está com a função partitiva, usa-se a regra deste caso. Quando há substantivo singular após o percentual, pode-se manter o verbo no singular se o desejo é dar ênfase ao substantivo.
Exemplos:
Cerca de 1% **dos alunos** não se **prepararam** para o concurso.
50% **dos feirantes perderam** suas mercadorias com as chuvas.
Cerca de 50% **da produção foi** vendida.
Se o sujeito for somente a percentagem, segue-se a regra que se tem para números.
99% saíram para passear e **1%** ficou em casa.

s) **Casos com verbos – parecer, haver, fazer, ser**
Quando estes verbos são seguidos do infinitivo permitem dois tipos de concordância: ou o parecer concorda com sujeito e o infinitivo não concorda ou vice-versa.
Exemplos:
Os atletas pareciam estar felizes com o segundo lugar no pódio.
Os atletas parecia estarem felizes com o segundo lugar no pódio.

t) **Concordância dos verbos que são impessoais**
Os verbos impessoais são aqueles que não possuem sujeito. Por isso, em sua concordância sempre permanecerão na 3ª pessoa do singular. São eles:
- **verbos que exprimem fenômenos da natureza**
  nevar, chover, ventar, gear, relampejar, trovejar, amanhecer, anoitecer.
  Exemplo: Relampejou várias noites no mês de março.
- **verbos fazer e haver quando indicam tempo**
  Os verbos fazer e haver quando indicam tempo são sempre usados no singular, pois não possuem sujeito.

Exemplos:
Há dez dias que não o vejo.
Faz dez dias que não o vejo.

> **Dica**
> Pense essas orações tentando colocar dias como sujeito:
> "Dias fazem que não o vejo."
> "Dias há que não o vejo."
> Fica uma construção sem coerência, não é?

A expressão "os dias" não é sujeito da oração, por isso os verbos ficam sempre no singular.

- **verbo haver, ter no sentido de existir**

Quando o verbo haver é usado no sentido de existir, é impessoal e deve permanecer na 3ª pessoa do singular. Mas como diferenciar quando o verbo haver não está com o sentido de ter ou fazer.

Na língua coloquial é muito comum se utilizar o verbo **ter** no lugar do **haver** e isso acaba confundindo os seus sentidos. O verbo existir significa presença viva, existência enquanto o verbo ter significa entrar de posse, obter.

Não que esteja errado utilizar esses verbos como sinônimos, mas deve-se atentar para qual é o significado desejado, porque ambos quando estão sendo utilizados com o sentido de existir devem permanecer na 3ª pessoa do singular.

Como o contrário também ocorre. O verbo haver no sentido de **ter** tem de concordar com o sujeito em pessoa e número.

Por isso, estar atento ao significado do contexto em que estas palavras estão sendo usadas é tão importante.

> **Vamos pensar?**
> Veja se você entendeu analisando as expressões a seguir. Leia as questões e pense qual seria a oração em que a concordância está errada.
> a) Tem muitas pessoas nessa sala.
> b) Os meninos haviam dado a bola para o outro time.
> c) Já tinham passageiros demais no trem.
> d) Os filhos têm respeito pelos pais.

Se você escolheu a letra c, acertou! Veja o porquê.

Tem muitas pessoas nessa sala.

Nessa oração o verbo ter está sendo utilizado no sentido de existir. Pense onde está o sujeito? Pessoas têm na sala? Nessa sala não pode ser sujeito, pois é um advérbio de lugar. Por isso, nessa oração o verbo **ter** está sendo utilizado com o sentido de existência e não de posse.

Os meninos haviam dado a bola para o outro time.

Nessa oração o verbo está sendo utilizado no sentido de **ter, possuir**. Veja que os meninos passaram a posse da bola para o outro time. Por isso, deve concordar com o sujeito. Quem tinha dado a bola? Os meninos.

Já tinham passageiros demais no trem.

Nessa oração o verbo **ter** está sendo empregado com o sentido de existir e não de posse. Pense: qual é o sujeito dessa oração? Passageiros? No trem não pode ser sujeito por ser um advérbio de lugar.

Os alunos têm vários livros.

Nessa oração o verbo ter está com o sentido de possuir. Veja: qual é o sujeito de têm? Quem tem vários livros? Os alunos. Por isso, o verbo está na 3ª pessoa do plural.

> **Dica**
> O verbo existir não é considerado impessoal, por isso deve concordar com o sujeito.
> Exemplo: Existem boas áreas verdes nesta cidade.

u) **concordância do verbo na voz passiva**

O verbo na voz passiva, quando formado com o pronome apassivador 'se' deve concordar com o sujeito. Não se pode confundir a passiva com o pronome apassivador com o sujeito indeterminado (verbo fica no impessoal) que também faz uso do pronome 'se'.
Exemplo de oração com verbo na voz passiva:
Vendem-se casas.
Tem-se o plural de vender, porque o substantivo '**casas**' está no plural. Uma dica que se pode dar, quando o professor vai ensinar o aluno em relação a essa regra é a de que o aluno pode colocar a frase na voz ativa e encontrar o sujeito: **Casas são vendidas.**

> **Dica**
> Quando o verbo for transitivo indireto, ele não poderá estar na voz passiva e será um sujeito indeterminado.
> Veja o exemplo:
> Precisa-se de professores de português.
> Se o aluno for transformar a oração em ativa, ela não fará sentido: Professores de português são precisados.
> Essa é uma oração com sujeito indeterminado.

v) **concordância do verbo ser**

O verbo ser, quando é considerado verbo de ligação liga um sujeito a um predicativo do sujeito. Em geral, ele concorda com o sujeito, mas há casos em que ele concorda com o predicativo do sujeito.

O verbo **ser** concorda com o predicativo se o **sujeito for constituído por:**

- **pronomes indefinidos:** tudo, nada, ninguém, nenhum

Exemplo: Tudo **seriam alegrias** se não fosse aquela perda.

- **pronomes demonstrativos**: o, isto, isso, aquilo;

Exemplo: Aquilo são carros?

- **pronomes interrogativos**: que, o que, quem;

Exemplo: Quem são aquelas pessoas?

- **expressões de sentido partitivo**: a maioria, o restante etc.

Exemplo: A maioria são estudantes.

sujeito estiver se referindo a coisas

Exemplo: Cama são tábuas alinhadas.

O verbo ser ficará sempre no singular – Quando são usadas as expressões **pouco, muito, menos de, mais de, o suficiente, o bastante,...** na indicação de quantidade ou medida, o verbo fica sempre no singular, independentemente da quantidade expressa:

Exemplo: Cinco litros de suco é suficiente.

Estas são as regras de concordância verbal. A dica para a análise de toda concordância verbal é a de que o verbo seja localizado e os elementos ligados a ele sejam a referência para que ele seja variado e traga a harmonia de acordo com a gramática da norma culta ao texto.

5.2 - Sintaxe da Concordância Nominal

A concordância nominal, por sua vez, trata da concordância do adjetivo, do artigo e do pronome com o substantivo a que se referem.

É muito comum que na língua oral coloquial os falantes cometam erros de concordância nominal omitindo ou "**engolindo**" os "**esses**" das palavras nos plurais. Isso porque há a compreensão da mensagem, independente de ela estar dentro da gramática da norma culta.

Exemplo:

Os pastel estavam gostosos.

No exemplo dado, mesmo com o falante dizendo **pastel** no lugar de **pastéis**, seu interlocutor entendeu que ele comerá **mais de um pastel**. Isso porque o artigo indefinido no plural aponta para esse sentido.

Todavia, no contexto formal de uso da língua, essa expressão demonstra desconhecimento da variante culta que deve ser usada em situações que exijam a norma culta.

A **concordância nominal** é o uso da **relação harmoniosa** entre **os substantivos, os numerais substantivos e os pronomes com os adjetivos, os numerais, os pronomes adjetivos, os numerais, os artigos e os particípios dos verbos nominais, em gênero (masculino e feminino) e número**.

Normalmente, o substantivo funciona como o núcleo de um termo da oração e o adjetivo, o artigo, o pronome como adjunto adnominal. Para se estudar a concordância nominal é necessário compreender qual é a função sintática de cada palavra na oração, para compreender a qual classe de palavra ela pertence.

É importante destacar que as regras estabelecidas para a concordância nominal estão de acordo com a gramática da norma culta.

Outros dois **conteúdos muito importantes** que devem ser estudados quando se estiver tratando da concordância nominal são o **número e o gênero das palavras**. Aqui você vai relembrar algumas regras de **plural e gênero**.

a) **Plurais**: o plural das palavras é determinado pela sua terminação. A regra geral é a de que o "s" ao final das palavras é o marcador de plural. Mas nem sempre é assim.

> **Dica**
> Importante ressaltar que essa é uma questão de ortografia, por isso se não houver a prática no uso da palavra, o recurso do dicionário é aconselhável quando se quiser escrever a palavra corretamente, de acordo com as regras ortográficas.

Regras específicas do plural

Caso	Regra
Palavras terminadas por… no singular	ficam no plural
ão, ã – cidadão, maçã, botão, mãe	ãos, ãs, ões, ães – cidadãos, maçãs, botões, mães
l - varal, anel, farol	retira-se o L e coloca-se o IS – varais, anéis, faróis
Z, R, S – cruz, senador, gás	acrescenta-se ES – cruzes, senadores, gases
M – viagem	troca-se por NS – viagens
X – fênix	permanece invariável

Fonte: Elaborado pela autora

> SAIBA MAIS: Reveja as outras regras de plural na gramática da norma culta.

b) Gênero: A questão de gênero da palavra não tem relação com o gênero das coisas ou pessoas, nem com a terminação da palavra. Na língua portuguesa, o que determina se uma palavra é do gênero masculino ou feminino será o artigo que a acompanhará. No Português tem-se apenas dois gêneros: **masculino e o feminino**. O gênero masculino é considerado gênero comum. Isto significa que quando se está diante de uma construção em que haja termos determinantes no masculino e no feminino a opção será que o determinado esteja no masculino e no plural, já que se refere a mais de um determinante.

Helena comprou um **carro** e uma **moto novos**.

Carro é um substantivo masculino e **moto** um substantivo feminino.

O adjetivo **novos** está no masculino plural.

DICA
Os artigos são as marcas de masculino e feminino das palavras. Por exemplo: a palavra lápis é masculina, pois é acompanhada pelo artigo feminino – o lápis.

Gênero - algumas regras

masculino – palavras terminadas em	feminino – palavras terminadas em
terminação com "O"- menino	terminação com "A" – menina
ÃO Exemplo: anão – leão – chorão	Ã – OA – ONA anã – leoa – chorona
R Exemplo: doutor	acrescenta o A doutora
E Exemplo: governante – cliente	troca-se o E por A governanta ou fica invariável – cliente
ES – L – Z Exemplo: freguês, oficial, juiz	acrescenta-se o A freguesa, oficiala, juíza
epicenos	substantivo designativo de animais – utiliza-se o termo macho ou fêmea para especificar o sexo do animal. Exemplo: jacaré macho – jacaré fêmea
comum de dois/de dois gêneros	utiliza-se o mesmo substantivo para designar tanto o gênero masculino ou feminino. O que vai determinar o gênero será o contexto ou o artigo que o acompanhar. Exemplo: o intérprete – a intérprete

masculino – palavras terminadas em	feminino – palavras terminadas em
sobrecomum	é o substantivo que não admite contraste de gêneros. É o contexto que vai determinar isso. Exemplo: a testemunha

Fonte: Elaborado pela autora

5.3 - Palavras e sintagmas a serviço do texto

Para se fazer a concordância nominal você deve identificar os nomes na oração, analisar a relação entre eles e estabelecer a concordância de gênero e número.

No geral, a concordância nominal é aquela em que os nomes - substantivo, adjetivos, artigos, pronomes, particípio combinam em gênero e número em uma oração. Entretanto, há algumas situações em que a regra não é exatamente essa.

Segundo Evanildo Bechara (1993, p. 296)

"A concordância pode ser estabelecida de *vocábulo* para *vocábulo* ou de *vocábulo* para *sentido*. A concordância de *vocábulo* para *vocábulo* será total ou parcial (também chamada de atrativa), conforme se leve em conta a totalidade ou o mais próximo dos vocábulos determinantes numa série de coordenação."

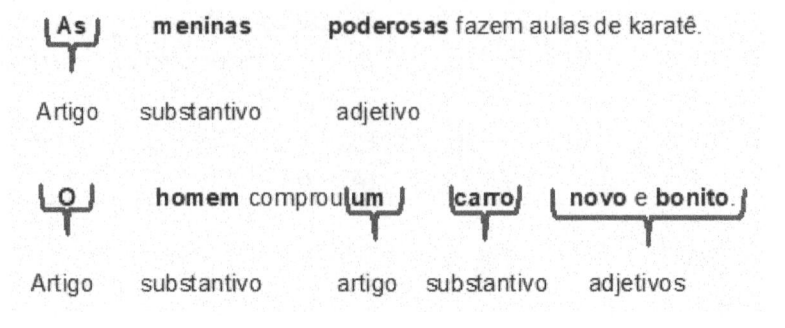

As	meninas	poderosas	fazem aulas de karatê.
Artigo	substantivo	adjetivo	

O	homem	comprou	um	carro	novo e bonito.
Artigo	substantivo		artigo	substantivo	adjetivos

A **Silepse de gênero** ocorre quando há a omissão do substantivo que aporte o adjetivo, entretanto não há a falta de compreensão ao que se está dizendo.
Exemplo:
A **bela** Rio de Janeiro está enfrentando dificuldades financeiras.

O adjetivo bela não concorda com a palavra Rio de Janeiro que é masculina, todavia a palavra cidade encontra-se subentendida: a bela **cidade** do Rio de Janeiro.

> 💡 Dica
> Consulte a Moderna Gramática Brasileira, de Evanildo Bechara, no capítulo que trata sobre as concordâncias nominal e verbal ara saber mais sobre o assunto.
>
> Fonte: Bechara, E. **Moderna Gramática Brasileira**. 34ª ed. São Paulo: Companhia Editora Nacional: 1992.

5.3.1 Tipos de Concordância Nominal

O caso geral da concordância é a de que os termos determinados como adjetivos, artigos, pronomes, particípios e numeral têm de concordar em gênero e número com o substantivo.
Exemplo:
Aquelas duas bolsas amarelas são **minhas**.

Aquelas	pronome demonstrativo feminino plural
duas	numeral feminino plural
bolsas	substantivo feminino plural
amarelas	adjetivo feminino plural
minhas	pronome possessivo feminino plural

Há regras para **casos especiais**:

a) **Substantivos com adjetivos**
- **Adjetivo anteposto aos substantivos**
  Quando o **adjetivo vem antes de dois ou mais substantivos** ele deve concordar com o termo determinante que estiver mais próximo.
  Exemplos:
  Novos amigos e amigas conheci quando estudei em Portugal.
  Novas amigas e amigos conheci quando estudei em Portugal.
- **Adjetivo posposto aos substantivos**
- Quando o **adjetivo vier após dois ou mais substantivos do mesmo gênero** ele poderá concordar com o termo que estiver mais próximo ou ficará no plural e acompanhará o gênero dos substantivos.
  Exemplo:
  Fui à feira e comprei **banana** e **maçã frescas**.
  Fui à feira e comprei **banana** e **maçã fresca**.

> **Dica**
> Escrever um texto é um ato de criação com intencionalidade. Por isso, não está desatrelado da construção de sentido. Se ao produzir um texto, você quer destacar apenas um dos substantivos, a regra de acompanhar o que está mais próximo pode-lhe ser útil, pois essa pode ser a ideia passada para o leitor. No caso apresentado, mesmo estando ambas as regras corretas de acordo com a gramática da norma culta, deve-se considerar o sentido do texto.

b) **Adjetivos com gêneros diferentes**
- Quando **dois ou mais substantivos estiverem antes do adjetivo e forem de gêneros diferentes (independente do número)** a única regra possível, de acordo com a gramática da norma culta, é a utilização do gênero padrão masculino e plural.

Fui à feira e comprei tomates e maçãs **frescos**.

c) **Adjetivos na função de predicativo do sujeito**
O predicativo do sujeito existe em orações cujo **predicado é nominal ou verbo nominal**. O predicado nominal é aquele cujo verbo é de ligação e o verbo nominal é aquele em que há um verbo que não é de ligação, mas o verbo de ligação está subentendido.

Exemplo com predicado nominal

As <u>ruas</u> da cidade estão <u>vazias.</u>
Núcleo do sujeito   predicativo do sujeito

Exemplo com predicado verbo-nominal

Os <u>médicos</u> correm <u>apressados.</u>
Núcleo do sujeito   predicativo do sujeito

O verbo de ligação é subentendido. "Os médicos correm e estão apressados."

Dica

A grande confusão que se faz quando se vai analisar esse tipo de concordância, está no fato de que o escritor tem de saber diferenciar um predicativo do sujeito de um adjunto adverbial. Isso porque os adjuntos adverbiais são palavras invariáveis.
Exemplo:
Os **livros** estão **caros**.
A palavra **caros** nessa frase está concordando com livros, pois é um predicativo do sujeito e complementa este núcleo do sujeito.
Neste outro exemplo, entretanto:
Os livros custam **caro**.
A palavra **caro** é um adjunto adverbial, pois está completando a ideia do verbo **custar**.

A regra de concordância nominal do **predicativo do sujeito**, segue a mesma lógica dos adjetivos antepostos e pospostos aos substantivos.

- Se o predicativo estiver relacionado a um sujeito composto vai obedecer a duas regras:
- se ele vier depois dos substantivos concorda com o gênero dos núcleos. Se forem dois substantivos femininos, o predicativo fica no feminino plural, se forem dois masculinos ou dois com gêneros diferentes, o predicativo fica no masculino plural.

   A mãe e a filha andavam **apressadas** para a escola.
   O pai e o filho andavam **apressados** para a escola.
   A mãe e o filho andavam **apressados** para a escola.

- Se o predicativo vier antes dos núcleos do sujeito, pode concordar com o substantivo mais próximo ou com os dois núcleos.

   Apressada, **mãe** e filha andavam para a escola.
   Apressadas, **mãe e filha** andavam para a escola.
   Apressado, **pai** e filha andavam para a escola.
   Apressados, **pai e filha** andavam para a escola.

d) **Adjetivos na função de predicativo do objeto**

   As regras para o **predicativo do objeto** são as mesmas do predicativo do sujeito. O adjetivo deve concordar com os substantivos que o determinam em gênero e número se vier após o objeto. E se vier antes pode concordar com o mais próximo ou com os dois.
   Exemplos:
   Ele me vendeu um **carro** e uma **moto limpos**.
   (masculino plural no adjetivo para concordar com carro e moto)
   O ladrão encontrou **fechada** a **janela** e o portão.
   (o adjetivo fechada concorda com o substantivo janela.)
   O ladrão encontrou **fechados** a **janela** e o **portão**.
   (o adjetivo fechados concorda com o substantivo janela e portão.)

É comum que tanto como predicativo do sujeito como predicativo do objeto o particípio esteja tendo a função de adjetivo, como no caso do **fechados**.

e) **Dois adjetivos e um substantivo**
Há dois casos nessa situação de dois adjetivos (determinantes) e um substantivo (determinado).
"O vocábulo determinado irá para o plural ou ficará no singular, sendo nesse caso último, facultativa a repetição do artigo" (BECHARA: 1993, p. 297)

Ele fala a língua portuguesa e italiana.
       substantivo   adjetivos

Ele fala as línguas portuguesa e italiana.
       substantivo   adjetivos

- O substantivo ficará no singular se houver a repetição do artigo.

Ele fala a língua portuguesa e a italiana.
       substantivo   adjetivos

- Se o substantivo estiver depois do adjetivo a concordância ocorrerá da mesma forma, contudo o artigo ficará sempre no singular.
Exemplo:
Ele tinha uma loja no oitavo e nono andares do prédio.
Ele tinha uma loja no oitavo e no nono andar do prédio.

Neste capítulo, diante de tanta complexidade, você deve ter percebido que este é um conteúdo que também necessita de memorização e que isso só ocorre se for significativo para o aluno. Por isso, mais importante do que decorar regras, é o aluno entendê-las e saber onde deve pesquisá-las. No caso desse conteúdo, reconhecer os termos de uma concordância nominal é o caminho para se saber como pesquisar a forma correta, de acordo com a gramática da norma culta, de harmonizar o texto.

CAPÍTULO 6

SINTAXE DE REGÊNCIA

Em gramática, a regência refere-se às relações sintáticas que uma palavra estabelece com outras palavras em uma frase. Ela envolve a relação de dependência entre um verbo ou um nome e seus complementos, ou seja, os termos regidos.

A regência é importante para entender como as palavras se conectam e quais **preposições** são necessárias para completar o sentido de um verbo, um substantivo ou outros elementos da frase. Ela determina quais tipos de termos podem seguir um determinado verbo ou substantivo, de acordo com as regras da língua.

Exemplo

Em uma frase simples como "Ele gosta de música", o verbo "gosta" exige um complemento introduzido pela preposição "de". Essa preposição é necessária para estabelecer a regência correta do verbo. Se tentarmos dizer apenas "Ele gosta música" sem a preposição, a frase ficaria incorreta gramaticalmente.

As regras de regência variam de acordo com a língua e podem ser complexas em alguns casos. Em português, existem diferentes tipos de regência, como a regência verbal, a regência nominal e a regência preposicional, cada uma com suas próprias regras e características específicas. É importante estudar e compreender a regência adequada para evitar erros de concordância e garantir a clareza e correção na expressão escrita e oral.

Por que estudar isso?
É importante estudar as regras de regência nominal para utilizar os termos adequados em cada contexto, evitando erros de regência e garantindo a correta estruturação das frases em português. Além disso, a regência é a função estruturante da ocorrência da crase.

6.1 - Regência Nominal

A regência nominal é uma das modalidades de regência presente na gramática da língua portuguesa. Ela estabelece as relações sintáticas entre um nome (substantivo, adjetivo, advérbio) e os termos que o complementam ou modificam.

Na regência nominal, é necessário observar as preposições ou outras palavras que devem acompanhar determinados nomes para garantir que a frase esteja gramaticalmente correta.

Algumas construções comuns na regência nominal são:
- **Substantivo + preposição**:
  Exemplo: "Eu tenho **confiança em** você." Nesse exemplo, o substantivo "confiança" é regido pela preposição "em" e é complementado pelo pronome "você". A **confiança** é sempre em alguém ou alguma coisa.
- **Adjetivo + preposição**:
  Exemplo: "Estou **ansioso por** boas notícias." O adjetivo "ansioso" exige a preposição "por" para ligar-se ao complemento "boas notícias".

- **Substantivo + adjetivo**:
  Exemplo: "Estou **feliz com** a notícia." O substantivo "feliz" age como um adjetivo que se refere ao estado emocional do sujeito em relação à "notícia".

6.2 - Regência verbal

A regência verbal se refere à relação entre um verbo e seus complementos verbais.

Exemplo

"Eu gosto de música."

O verbo "gosto" é transitivo indireto e governa a preposição "de". O complemento verbal é o substantivo "música".

"Ele confia em seus amigos."

Nesse caso, o verbo "confia" é transitivo indireto e governa a preposição "em". O complemento verbal é o pronome possessivo "seus amigos".

"Precisamos de mais informações."

Aqui, o verbo "precisamos" é transitivo indireto e governa a preposição "de". O complemento verbal é o substantivo "mais informações".

> **Dica**
> Há verbos que conforme a regência possuem significados diferentes. Por exemplo:
> o verbo **assistir** como verbo transitivo indireto – usa a preposição (a) e por isso possui o significado de ver:
> assistir a – Eu assisto **a**o filme.
> Mas quando é verbo transitivo direto, sem preposição, possui o sentido de dar assistência:
> assistir – A enfermeira assiste o paciente.
> Para saber qual é a regência da palavra quando tiver dúvidas, vale a consulta ao dicionário.

6.3 - Crase

A crase é um fenômeno da língua portuguesa que ocorre quando há a união de duas vogais 'a'. Esse fenômeno é associado à regência do nome ou do verbo, isto é, quando o nome ou o verbo vem acompanhado da preposição 'a' e está ligado a uma palavra feminina singular ou plural que tenha os artigos definidos 'a' ou 'as' está ligado aos pronomes demonstrativos 'aquele', 'aquela' e 'aquilo'.

Exemplo: Nós **vamos à** praia aos finais de semana.

O professor **refere-se àquele** aluno que estava fora da escola.

O sinal que marca essa contração é o acento grave (`) – um acento oblíquo à esquerda.

A contração de vogais com preposições e pronomes é muito comum e não ocorre somente com a preposição 'a'. Veja a seguir algumas situações de **contração de vogais com artigo definido**:

de + a = da	em + a - na	a + a = à
de + o = do	em + o = no	a + o = ao

Há também a situação da junção da preposição com o pronome. Veja a situação em que ocorre crase:

de + aquela = daquela	em + aquela - naquela	a + aquela = àquela
de + aquele = daquele	em + aquele = naquele	a + aquele = àquele
de + aquilo = daquilo	em + aquilo = naquilo	a + aquilo = àquilo

Vamos pensar!
Você percebeu como ocorreu a crase na junção da preposição 'a' com os pronomes aquela, aquele e aquilo? Isso porque ocorreu a crase, ou seja, a junção do "a" preposição com o "a" do início da palavra.

Para saber se há crase em seu texto, você precisa analisar a regência da palavra que está relacionada ao 'a' em seu texto e verificar se há existência de artigo definido feminino singular ou plural.

Veja o exemplo:

O professor refere-se à aluna que está na última carteira.

O verbo 'referir-se' é transitivo indireto, isto é, exige preposição em sua regência. A preposição do verbo 'referir-se' é 'a'.

A aluna a que o professor está se referindo é definida pelo artigo 'a'. Por isso, há a contração de dois 'as'.

Dica
Uma das dicas que auxilia a identificação da crase é a de substituir a palavra feminina a que o verbo se refere por uma masculina. No exemplo dado seria assim:
O professor refere-se à <u>aluna</u> que está na última carteira.
O professor refere-se ao <u>aluno</u> que está na última carteira.

Na substituição houve a troca do 'à' pelo 'ao', isto é, substituiu-se o a+a = à, por a+o=ao.

Essa dica é válida quando a palavra em que necessite a regência com preposição seja muito utilizada pelo escritor. Do contrário, a dica de consultar o dicionário ainda é a mais indicada.

Ao utilizar a crase antes de numeral, deve-se observar se há a ocorrência do artigo. Substituir o numeral, caso ordinal, pelo seu masculino, pode ser uma dica para se verificar se há crase.

Ex.: As aulas de futebol ocorrem das 2ª às 4ª séries.

Se for trocar 'série' por 'ano' terá a substituição de 'às' por 'aos'

Ex.: As aulas de futebol ocorrem dos 2º aos 4º anos.

Outro caso em que se utiliza a crase é antes de horas.

Ex.: A festa é às 8 horas.

Usar crase antes de horas não é regra, pois há situações em que não existe crase. Isso porque se há outra preposição *(para, até, desde, entre e após)* antes da hora, não podemos usar duas preposições Veja o exemplo:

Ex.: A festa vai até as 17h.

A dica da substituição pela expressão masculina pode ajudar a saber se ocorre ou não a crase antes de horas. Veja nos exemplos:

Ex.: A festa é às 8h.

A festa é **ao** meio dia.

Ex.: O passeio está marcado para as 8h.

O passeio está marcado para o meio-dia.

Casos em que **NÃO se deve utilizar crase.**

Situação	Exemplos
a) antes de artigos indefinidos – um e uma Não ocorre crase antes de pronomes indefinidos, pois não se usa pronome indefinido juntamente com o definido. **O 'a' nestas frases tem apenas a função de preposição.**	1. Ela vai a uma praia qualquer.
b) antes de palavras masculinas – já que o artigo que acompanha as palavras masculinas é o artigo definido masculino. Quando há a necessidade de preposição, ela será contraída ao artigo 'o'.	Agradeço a Deus.
c) antes de verbos – pois verbos não admitem artigos.	Eu tenho muitas coisas **a fazer.**
d) antes de palavras no plural – caso o 'a' que a antecede esteja no singular. Porque se a palavra está no plural e o 'a' no singular, este 'a' será somente preposição e não haverá o artigo.	1. O governador se **refere a meninas** em situação de rua. Nessa frase só temos a preposição da regência do verbo referir.

> **Dica**
> É muito comum encontrarmos expressões com o uso de crase inadequadamente. Há dois casos com os quais, frequentemente, nos deparamos:
> Agradeço a todos.
> Agradeço a Deus.
> Estas expressões não possuem crase! Nunca! O verbo agradecer pede a preposição 'a' em sua regência, mas as palavras que vem depois não estão acompanhadas de artigo definido e mesmo se antes de Deus tivesse o artigo, este seria o artigo definido masculino: o Deus.

Casos em que **podem ou não ocorrer crase**

Caso	Exemplos
a) a distância	
Ocorre crase Somente quando houver uma distância determinada.	à **distância** de 3 metros.
Não ocorre crase Quando a distância não é determinada.	Educação **a distância**.
a) às vezes – as vezes	
Ocorre crase Quando a expressão 'as vezes' estiver sendo usada com o sentido de "de vez em quando".	Às vezes você me chateia com tantas regras.

Caso	Exemplos
a) às vezes – as vezes	
Não ocorre crase Quando essa expressão estiver sendo usada com o sentido de "no lugar de":	O príncipe Philip fez **as vezes** da rainha no evento de abertura da Olimpíada.
b) a terra – à terra	
Ocorre crase Quando estiver com o sentido de casa, lar.	Viajei à terra de meus bisavós.
Não ocorre crase Quando a palavra 'terra' estiver com o sentido de espaço físico.	Os tripulantes desceram **a terra** após os passageiros.
d) à moda – à maneira	
Ocorre crase Se forem expressões que estiverem sendo utilizadas como advérbio. Para saber se é um advérbio, tente colocar a expressão no plural. Se ela não houver plural, então é um advérbio.	Ela cortou seu cabelo **à moda** francesa. Ele fez o macarrão à maneira italiana.
Não ocorre crase Quando a palavra for substantivo.	**A moda** da França é importante no cenário mundial. **A maneira** como ele faz o macarrão é italiana.

Outros casos:

Caso	Exemplos
à vista	Vendas à vista.
a prazo	Vendas a prazo. (a palavra prazo é masculina, por isso não ocorre a crase)
à disposição	Estamos à disposição para esclarecer as dúvidas.
a respeito	Precisamos conversar a respeito disso. (a palavra respeito é masculina, por isso não ocorre a crase)
à milanesa	Comemos o bife à milanesa.
a cavalo	Comemos o bife a cavalo. (a palavra cavalo é masculina, por isso não ocorre a crase)
a pé	Andamos a pé. (a palavra pé é masculina, por isso não ocorre a crase)

Vamos pensar?

Leia as orações a seguir e pense qual é a diferença em cada oração devido a ocorrência da crase.

a) Receber a bala.
Receber à bala.
b) Pintar a mão.
Pintar à mão.
c) Vender a vista
Vender à vista

Vamos ver se você conseguiu ver a diferença entre as orações?
- **Receber a bala.**
  Essa oração, sem a crase, significa receber um caramelo, um doce que também pode ser chamado de bala.
- **Receber à bala.**
  Essa oração, com a crase, significa receber realizando tiros com armas de fogo.
- **Pintar a mão.**
  Significa mãos que são pintadas com tinta ou algo do gênero.
- **Pintar à mão.**
  Nesse caso é uma pintura feita com a mão e não com uma máquina, por exemplo.

Bem, o importante no uso do acento grave para marcar a crase é você saber identificar a regência das palavras. Uma fonte segura para identificar qual é a regência é o dicionário.

CAPÍTULO 7

A PRODUÇÃO DE TEXTO DE ACORDO COM O CONTEXTO

O que faz de um texto ser um texto é a sua unidade de sentido. Ele não pode ser um amontoado de palavras. Outra característica que faz com que um texto tenha unidade de sentido é o seu gênero.

> ATENÇÃO – Nesse caso, a palavra gênero está sendo utilizada com o sentido diferente do utilizado no capítulo que trata de concordância nominal.

O termo "gênero de texto" refere-se a diferentes categorias ou tipos de textos que podem ser identificados com base em suas características, propósitos e estruturas. O estudo dos gêneros de texto é comumente abordado no campo da linguística e da análise do discurso.

7.1 - Gênero de texto

O que faz de um texto ser um texto é a sua unidade de sentido. Ele não pode ser um amontoado de palavras. Outra característica que faz com que um texto tenha unidade de sentido é o seu gênero.

Você já deve ter estudado gênero de texto em algum momento, mas sempre vale recordar.

O gênero do texto é, em simples palavras, a forma que o texto assume socialmente. A linguagem possui uma função social de expressar o pensamento, comunicar e interagir. Essa comunicação é feita por meio dos gêneros textuais. Veja só o texto a seguir escrito em outro idioma, mas que você pode reconhecer o gênero, mesmo desconhecendo a língua.

Exemplo:

рецепт торта
4 яйца
1 и 1/2 стакана универсальной муки
1 и 1/2 стакана сахара
1 стакан отфильтрованной воды
1 чайная ложка ванильной эссенции
1 столовая ложка дрожжей

способ приготовления

Взбить яичные белки и зарезервировать желтки. Понизьте скорость миксера до минимума и добавьте яичные желтки один за другим.
Постепенно добавьте просеянный сахар и воду.
Добавьте ванильную эссенцию.
Постепенно добавьте просеянную пшеничную муку и осторожно перемешайте вручную (желательно с фруктами).
Добавьте дрожжи и осторожно перемешайте.
Поставить в разогретую духовку при температуре 180 ° C.

Fonte: elaborado pela autora

Veja que é um texto escrito em russo, mas seu formato demonstra que é uma receita culinária, pois na primeira parte há os ingredientes e na segunda o modo de preparo. Então, o gênero textual possui características textuais que apontam qual é o contexto de sua utilização.

Veja esse outro exemplo:

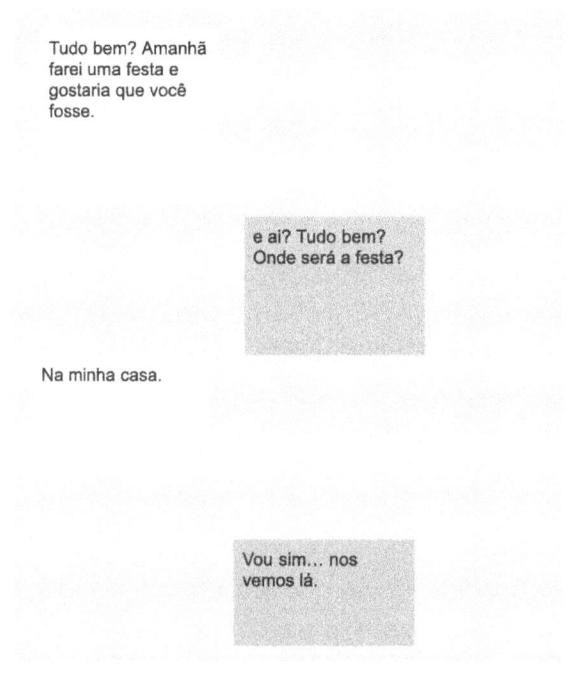

> Tudo bem? Amanhã farei uma festa e gostaria que você fosse.
>
> e aí? Tudo bem? Onde será a festa?
>
> Na minha casa.
>
> Vou sim... nos vemos lá.

Fonte: elaborado pela autora

Nesse outro caso, percebemos que é uma conversa por aplicativo. Então, possui a estrutura necessária para esse contexto.

Em cada situação de comunicação, há um formato de discurso.

É importante destacar que o gênero textual possui vários tipos de texto em sua composição. Às vezes há o que predomina e às vezes todos estão presentes em uma mesma proporção.

Em cada gênero, há tipos de texto inseridos nele. Há gêneros cujo tipo predominante é o descritivo, há textos em que a predominância é a do texto narrativo e há aqueles que possuem a predominância dissertativa. Nos exemplos dados anteriormente temos no primeiro, a receita, há existência tanto do texto descritivo, quando indica os ingredientes, quanto narrativo quando explica o modo de preparo. Na figura 2, o texto narrativo é o que predomina.

E há outros tipos de texto, mas nesta unidade veremos apenas os textos: narrativo, descritivo e dissertativo em suas marcas verbais e sua lógica de organização.

7.1.1 - Tipo Narrativo

O texto do tipo narrativo possui uma organização temporal, isto é, ele possui um tempo sendo tratado. Há um antes e um durante e um depois. Ele é conhecido por ter em sua predominância a narração de fatos ou de histórias reais ou fictícias e fazer parte dos gêneros conto, crônica, romance.

> **CURIOSIDADE**
> É importante destacar que houve um tempo em que não se estudava sobre gêneros textuais e então os tipos textuais eram confundidos com os seus gêneros devido a sua predominância. Por isso há essa associação delimitante de que a narrativa só pode estar presente nos gêneros de conto, romance e crônica.
> Todavia, há outros gêneros de texto que não estão dentro deste espectro, mas que também são narrativos, como, por exemplo, na poesia. Outro texto que é narrativo é o boletim de ocorrência em uma delegacia. Ele relata o fato que aconteceu.

> **Vamos pensar?**
> Veja os exemplos analisados a seguir:
> "Cuido que ele ia falar, mas reprimiu-se. Não queria arrancar-lhe as ilusões. Também ele, em criança, e ainda depois, foi supersticioso, teve um arsenal inteiro de crendices, que a mãe lhe incutiu e que aos vinte anos desapareceram. No dia em que deixou cair toda essa vegetação parasita, e ficou só o tronco da religião, ele, como tivesse recebido da mãe ambos os ensinos, envolveu-os na mesma dúvida, e logo depois em uma só negação total. Camilo não acreditava em nada. Por quê? Não poderia dizê-lo, não possuía um só argumento: limitava-se a negar tudo. E digo mal, porque negar é ainda afirmar, e ele não formulava a incredulidade; diante do mistério, contentou-se em levantar os ombros, e foi andando." (Machado de Assis - A Cartomante)

Fonte: Assis, Machado de. *A cartomante*. Disponível em www.dominiopublico.gov.br. Acesso em 8 jun. 2023.

Esse texto é um trecho do conto "A Cartomante" de Machado de Assis. É um conto narrado em 1ª pessoa, como pode-se observar pelo verbo: cuido. Mas fica claro que o autor está narrando um fato sobre outra pessoa e este fato está no tempo passado: ia falar, reprimiu-se, foi, desapareceram. **O verbo no tempo passado ou pretérito é uma das marcas textuais de um texto narrativo.**

Outra marca textual encontrada em textos narrativos é a utilização de advérbios que indicam tempo como: depois, no dia.

Notamos também **a presença de enredo**. Enredo é a sucessão de acontecimentos que constituem ações que se passam em um tempo corrido e não um tempo estático. Veja: "No dia em que deixou cair toda essa vegetação parasita, e ficou só o tronco da religião, ele, como tivesse recebido da mãe ambos os ensinos, envolveu-os na mesma dúvida, e logo depois em uma só negação total."

Alguns estudiosos dizem que o texto narrativo é escrito somente em prosa, o que não é verdade. Há marcas narrativas em qualquer texto. Veja a poesia a seguir:

Num Meio-Dia de Fim de Primavera

Num meio-dia de fim de primavera
Tive um sonho como uma fotografia.
Vi Jesus Cristo descer à terra. Veio pela encosta de um monte
Tornado outra vez menino,
A correr e a rolar-se pela erva
E a arrancar flores para as deitar fora
E a rir de modo a ouvir-se de longe.

Tinha fugido do céu.
Era nosso demais para fingir
De segunda pessoa da Trindade. No céu era tudo falso, tudo em desacordo
Com flores e árvores e pedras.
No céu tinha que estar sempre sério
E de vez em quando de se tornar outra vez homem
E subir para a cruz, e estar sempre a morrer
Com uma coroa toda à roda de espinhos
E os pés espetados por um prego com cabeça,
E até com um trapo à roda da cintura
Como os pretos nas ilustrações

> (...)
> Alberto Caieiro, heterônimo de Fernando Pessoa. "Num Meio-Dia de Fim de Primavera".

Fonte: Pessoa, F. *O Guardador de Rebanhos*. No meio do dia de primavera. Disponível em www.dominiopublico.gov.br. Acesso em 8 jun. 2023.

O verbo está no tempo passado/pretérito: tive, vi, tinha.

E há **marcas de mudança de estado por meio de verbos que demonstram movimento** que passa pelo tempo. Como em: "veio pela encosta de um morro"; "a correr e a rolar", "tinha fugido do céu".

Em ambiente profissional, o relatório é um gênero textual que possui várias características narrativas, conforme o tema que se está abordando.

Agora você vai estudar as características do texto descritivo.

7.1.2 - Tipo Descritivo

O texto descritivo possui uma característica de organização espacial e até mesmo temporal, quando não se está falando de passagem de tempo como em um enredo. Não há sucessão de acontecimentos. A descrição é um texto predominantemente encontrado em manuais de instrução, por exemplo, ou em bilhetes de passagens aéreas.

Fonte: produzido pela autora

No bilhete de uma passagem temos várias informações: nome do passageiro, data do voo, destinos, números do voo, do terminal, do assento entre outras informações. Apesar de não ter texto, não ter verbos, há nesse gênero a descrição necessária para que possa ocorrer um embarque em um avião.

Um relatório de uma empresa também tem textos descritivos, como no exemplo.

Relatório de empresa

> 3.1.1 - EXECUÇÃO FÍSICA E FINANCEIRA
>
> As ações aqui contempladas referem-se à imunização de crianças de até um ano de idade, a cargo do Ministério da Saúde. Analisando a execução das metas físicas propostas, observa-se que o índice de cobertura das ações foi praticamente atingido. Assim sendo, no tocante à execução física em 2004, registraram-se os seguintes índices de cobertura:

Fonte: Primeiro Relatório Anual PPACA. Brasil, 2004. Disponível em: http://www.dominiopublico.gov.br/download/texto/fa000021.pdf Acesso em 8 jun. 2023.

Agora, você verá as características de um texto dissertativo.

7.1.3 - Tipo Dissertativo

O texto dissertativo é aquele que pressupõe um argumento, pois tem como objetivo discutir um determinado tema de forma argumentativa e reflexiva. Esse tipo de texto apresenta uma estrutura organizada e coerente, com introdução, desenvolvimento e conclusão. Há nesse tipo de texto a defesa de um ponto de vista a partir da apresentação de uma tese.

Sua organização segue uma lógica de ideias que são: a apresentação de uma tese, os argumentos para defendê-la e uma conclusão. Ele pode ter a presença de tipos de texto narrativo ou descritivo se forem importantes para a argumentação.

Veja o exemplo:

> "É no dia a dia escolar que crianças e jovens, enquanto atores sociais, têm acesso aos diferentes conteúdos curriculares, os quais devem ser organizados de forma a efetivar a aprendizagem. Para que este objetivo seja alcançado, a escola precisa ser organizada de forma a garantir que cada ação pedagógica resulte em uma contribuição para o processo de aprendizagem de cada aluno."
>
> Fonte: Brasil. Programa de educação inclusiva: direito à diversidade, p. 7. Disponível em www.dominiopublico.gov.br. Acesso em 16 fev. 2020.

Observe que a primeira frase é a tese e que o autor apresenta: a ideia de que todas as crianças e jovens têm acesso a conteúdos curriculares que auxiliam na aprendizagem. Em seguida apresenta seu argumento de que a escola deve ser organizar de forma a garantir isso: que cada aluno aprenda.

Agora você estudará alguns gêneros de textos que são importantes para o ambiente de trabalho. São os textos administrativos.

7.2 - Produção de texto administrativo

O gênero de texto administrativo normalmente é a correspondência usada em ambientes profissionais. Ela pode ser uma correspondência empresarial e oficial.

"Correspondência empresarial é aquela através da qual as empresas (quer sejam estabelecimentos bancários quer de indústria e comércio) se comunicam com as pessoas físicas ou jurídicas, tendo em vista as mais diversas finalidades." (Martins, p. 141)

"Correspondência oficial é a que ocorre entre órgãos da administração direta ou indireta do serviço público civil ou militar, no âmbito municipal, estadual ou federal." (Martins, p. 141)

São textos que, por serem utilizados em ambientes formais, devem ser escritos de acordo com a norma culta padrão.

7.2.1 - Gêneros dos atos administrativos

Você agora vai estudar alguns textos administrativos que são conhecidos também como atos administrativos.

7.2.1.1 - Ofício

O ofício é uma correspondência externa utilizada por órgãos governamentais e autarquias para fazer uma solicitação. Por exemplo, quando se necessita de uma poda de árvore deve-se fazer um ofício.

O papel utilizado neste documento é o papel ofício. Essa postura serve para a organização destes documentos em arquivos.

Fonte: Manual de redação da Presidência da República. 2018, p. 31. Disponível em http://www4.planalto.gov.br/centrodeestudos/assuntos/manual-de-redacao-da-presidencia-da-republica/manual-de-redacao.pdf. Acesso em 8 jun. 2023.

7.2.1.2 - Memorando

O memorando é uma correspondência interna entre seções de um mesmo órgão ou mesma empresa. Quando impresso o papel a ser utilizado é o de meio-ofício. Ele serve para fazer despachos simples, comunicações breves. Sua principal característica é a agilidade e a simplicidade em sua emissão.

Ele precisa ter: o timbre da empresa, número do memorando, remetente e cargo, destinatário e cargo, indicação do assunto, local, data, assunto, despedida, assinatura e cargo.

> TIMBRE DA EMPRESA
>
> Memorando n....
> De (remetente - nome e cargo)
> Para (destinatário - nome e cargo)
>
> Corpo do texto
>
> Despedida
>
> Assinatura e cargo

Fonte: produzido pela autora

7.2.1.3 - Edital

Edital é um instrumento de notificação pública e que deve sempre estar publicado em local de acesso dos interessados (integral ou resumidamente) seja em um órgão de imprensa oficial ou particular. Os editais podem ser de convocação para assembleias, reuniões, chamamento para concurso, classificação em concurso, contratação de profissional, entre outros.

7.2.1.4 - Ata

A Ata é um documento em que se registram as informações e decisões de uma reunião. É um resumo de tudo o que aconteceu em uma reunião.

É um documento que possui valor jurídico. Normalmente é redigida à mão durante a sessão de uma reunião por um secretário em um livro próprio e numerado com um termo de abertura e outro de encerramento.

Exemplos:

> "Termo de abertura
> Contém este livro 100 (cem) folhas numeradas de 1 (um) a 100 (cem), por mim rubricadas, e se destina ao registro das Atas das Reuniões do Condomínio Ilha do Sol ...., com sede, nesta capital, na Rua ...., número .... A minha rubrica é a seguinte: ....
> ....
>
> São Paulo, ...
> Presidente ....
> (Assinatura)
> (Nome em letra de forma)"

Fonte: Dilleta (2010), p. 149, adaptada

"Termo de Encerramento

Contém este livro 100 (cem) folhas numeradas de 1 (um) a 100 (cem), que, rubricadas pelo Presidente ...., se destinaram ao registro das Atas das Reuniões do condomínio Ilha do Sol ...., conforme se lê no Termo de Abertura.
São Paulo ....

Presidente: ....
(Assinatura)
(Nome em letra de forma)"

Fonte: Dileta (2010), p. 149 (adaptado)

Deve ser lida e assinada por todos os participantes logo ao encerramento da reunião. É importante que nada seja acrescentado após o fechamento deste documento. Os números devem ser escritos por extenso, para que sejam evitadas alterações posteriores.

Atualmente, as atas podem ser digitadas também, mas devem ter as folhas numeradas e todos os participantes da reunião devem rubricar cada uma das páginas.

O tempo verbal utilizado em uma ata é o pretérito perfeito do modo indicativo.

Por exemplo:

"Aos **três** dias do mês de março, na sala quatorze, do prédio Antônio Conselheiro, localizado na Rua Marquês de São Vicente, número **cento e vinte de três, reuniram-se** (nomes dos presentes) para deliberação quanto a pintura da fachada do referido prédio."

Fonte: elaborado pela autora

7.2.1.5 - Atestado

Atestado é um documento firmado entre duas pessoas em que uma atesta algo relacionado a outra. O atestado é um documento em que faz uma afirmação sobre determinado fato ou situação que sejam temporários. Ele possui data de validade.

Exemplo:

ATESTADO

Atesto para os devidos fins que Pedro Alvares necessita de repouso por 3 dias devido ao seu estado de saúde.

Rio de Janeiro, 25 de junho de 2019.

_____
Doutora Isabel de Nóbrega

Fonte: elaborado pela autora

7.2.1.6 - Certidão

Certidão é um documento entre duas partes que prova um fato duradouro. Há vários tipos de certidão: certidão de nascimento, certidão de casamento, certidão de óbito, certidão de registro de imóveis.

7.2.1.7 - Portaria

Portaria é um documento oficial assinado por um chefe de estado. Tem a função legalizadora e de declaração de alguma determinação de ordem estatal. Ela deve ser publicada no Diário Oficial da União (DOU).

7.2.1.8 - Relatório

Relatório é um documento muito utilizado nas mais diversas áreas profissionais. Isto porque é nele que são expostas as ações realizadas em determinado trabalho e seus resultados. Esse instrumento é a forma como a gestão encontra em acompanhar todo o processo de uma empresa. Cada empresa possui um modelo personalizado para a redação do relatório.

O verbo utilizado em um relatório é o pretérito do indicativo e a pessoa será a primeira do plural ou o impessoal.

Exemplo – este é um exemplo de um tipo de modelo de relatório:

> "(apresentação do relatório – explicação sobre os dados referentes ao relatório)
> Relatório – Evento Ação Social
> Realizado – 4 de junho de 2019
> Participantes – 540 pessoas
> Estandes:
>   Central da empregabilidade – atendimento do trabalhador que necessita de emprego.
>   Central de odontologia – triagem para atendimento posterior em relação ao tratamento dentário.
>   Central de oftalmologia – averiguação para aviamento de receitas para lentes de aperfeiçoamento de visão.
>   Central de (etc. e tals) (...)
> (desenvolvimento – faz-se uma narrativa sobre os acontecimentos do evento)
> Foram realizadas 4 (quatro) reuniões no mês de abril e maio para alinhamento das ações do evento. Compareceram os integrantes da comissão de organização do evento.

> Foram contratados (etc. e tals) (...)
> Cada estande atendeu (tantas) pessoas (...)
> (avaliação do evento)
> O evento foi acima das expectativas, pois atendeu mais de 500 pessoas, quando se esperava 400 pessoas. Todavia, não houve ocorrência que prejudicasse o evento...
> (finalização)
> Data e assinatura dos responsáveis.

Fonte: elaborado pela autora

7.2.1.9 - Requerimento

Requerimento ou solicitação é um documento cujo objetivo é solicitar, por meio de pessoa física ou jurídica, algo a que se tem direito ou pressupõe-se tê-lo. Sua estrutura é composta por 3 partes: invocação, texto de requisição, fechamento. O verbo utilizado será o presente.

> **REQUERIMENTO**
>
> A (coloca-se a empresa ou órgão que receberá a requisição)
>
> (Colocam-se os dados do requerente, de acordo com as suas necessidades e o local da requisição. Por exemplo, um aluno terá de colocar o número de matrícula.), vem respeitosamente à presença de vossa senhoria informar que (expõe-se o motivo da solicitação) a mensalidade do mês de janeiro veio sem o desconto, conforme concedido pela instituição no ato da matrícula e que consta em contrato (se quiser, pode-se reproduzir os dados jurídicos necessários.)
>
> Portanto, requer (expõe-se a solicitação) que seja reduzido o valor de sua mensalidade de acordo com o desconto concedido pela Instituição e que está estabelecido em contrato.
>
> Nestes termos, pede o deferimento, (texto de encerramento)

Fonte: elaborado pela autora

Há modelos mais informais de requerimento em que é utilizada a primeira pessoa do discurso.

> Prezado Reitor ......
>
> Solicito o adiantamento da emissão do meu diploma, pois ao concluir o curso de graduação nesta Universidade, prestei um concurso público na prefeitura de Guarulhos e fui aprovada.
>
> Para que eu possa ser admitida, necessito apresentar o diploma.
>
> Encaminho anexados os comprovantes de minha seleção aprovada.
>
> Certa do deferimento do pedido, agradeço,
>
> Maria José Silva.

Fonte: elaborado pela autora

    Associando os gêneros textuais apresentados com a tipologia textual, você pode observar que em cada gênero de documento há a presença de determinados tipos de texto. Por exemplo: no caso do relatório, há a predominância da narração e da descrição, já em um requerimento, no momento da argumentação na solicitação, temos o tipo dissertativo argumentativo.

    Há outros documentos utilizados na comunicação dentro das empresas ou entre as empresas. Por isso, quando você estiver trabalhando em uma empresa e for solicitado a elaborar em documento qualquer, pesquise antes para saber qual é o formato que a empresa adota, ou se for órgão público, o formato oficial de tal documento.

7.3 - Gênero acadêmicos

Os gêneros acadêmicos referem-se aos tipos de textos utilizados na produção e comunicação do conhecimento dentro do ambiente acadêmico. São formas de escrita específicas que seguem convenções e estruturas particulares, visando a clareza, rigor e objetividade na transmissão das informações.

Alguns exemplos de gêneros acadêmicos incluem:

- **artigo científico**: é um texto que apresenta resultados de pesquisa original e contribuições para uma determinada área do conhecimento. Geralmente segue uma estrutura dividida em seções como introdução, metodologia, resultados, discussão e conclusão.
- **resenha crítica**: a resenha é uma análise crítica de uma obra, mas no contexto acadêmico, é comumente utilizada para analisar artigos científicos, livros ou eventos acadêmicos. Além da descrição da obra, a resenha acadêmica apresenta uma análise aprofundada e fundamentada, destacando a relevância e contribuições da obra resenhada.
- **monografia**: é um trabalho escrito que sintetiza uma pesquisa realizada durante a graduação. Geralmente, é exigido como requisito para obtenção do diploma de curso superior. A monografia segue uma estrutura que inclui introdução, revisão bibliográfica, metodologia, resultados e conclusão.
- **tese e dissertação**: são trabalhos acadêmicos elaborados por estudantes de pós-graduação. A tese é exigida em cursos de doutorado, enquanto a dissertação é requerida em cursos de mestrado. Ambos os trabalhos envolvem uma pesquisa original e aprofundada sobre um tema específico, com uma estrutura semelhante à da monografia, porém com maior complexidade e extensão.

Além desses exemplos, há diversos outros gêneros acadêmicos, como relatórios de pesquisa, ensaios acadêmicos, artigos de revisão, projetos de pesquisa, entre outros. Cada gênero possui suas particularidades em relação à estrutura, estilo de escrita e formato, e são utilizados para diferentes propósitos dentro do contexto acadêmico. Vamos ver os principais gêneros a seguir.

7.3.1 - Artigo científico

Um artigo científico é um documento escrito que descreve os resultados de uma pesquisa original e contribui para o avanço do conhecimento em determinada área acadêmica. Ele é considerado a forma mais comum de comunicação científica e é amplamente utilizado por pesquisadores para compartilhar suas descobertas, teorias, experimentos e análises.

Os artigos científicos seguem uma estrutura padrão que inclui elementos como:

a) título: Uma frase concisa que resume o conteúdo do artigo;
b) resumo: resumo breve e objetivo do artigo, geralmente com cerca de 150 a 250 palavras, que destaca os principais objetivos, métodos, resultados e conclusões da pesquisa;
c) introdução: apresenta o contexto da pesquisa, incluindo uma revisão da literatura existente, o problema de pesquisa e os objetivos do estudo;
d) metodologia: Descreve detalhadamente os métodos e procedimentos utilizados na pesquisa, permitindo que outros pesquisadores possam reproduzir o estudo;
e) resultados: apresenta os principais resultados obtidos na pesquisa, normalmente por meio de dados quantitativos, análises estatísticas, gráficos ou tabelas;
f) discussão dos resultados: interpretação e análise dos resultados, relacionando-os aos objetivos da pesquisa e discutindo sua relevância e implicações para o campo de estudo;
g) conclusão: sumariza os principais achados do estudo e oferece uma síntese dos resultados, além de destacar possíveis direções futuras de pesquisa;

h) referências bibliográficas: lista de todas as fontes citadas ao longo do artigo, seguindo um formato específico de acordo com as normas de citação utilizadas na área.

Os artigos científicos são submetidos a um processo de revisão por pares, que analisam o trabalho antes de sua publicação em periódicos científicos. Essa revisão tem o objetivo de assegurar a qualidade, rigor científico e contribuição da pesquisa para a comunidade acadêmica.

7.3.2 - Resenha crítica

Uma resenha é um gênero textual que tem como objetivo principal apresentar uma análise crítica e objetiva de uma obra, como um livro, filme, peça teatral, exposição, entre outros. Geralmente, a resenha é escrita por um especialista na área em questão ou por alguém com conhecimento e interesse no assunto.

Uma resenha costuma conter uma breve descrição da obra, seguida de uma análise crítica. Nessa análise, são abordados aspectos como a narrativa, os personagens, o estilo do autor, a linguagem utilizada, a temática, os pontos fortes e fracos, entre outros elementos relevantes. Além disso, é comum que a resenha inclua uma opinião pessoal do autor, embora seja importante manter uma postura imparcial e fundamentar os argumentos apresentados.

Exemplo:

Resenha (resumida) da obra: O mal estar da Civilização de Sigmund Freud.

"O Mal-Estar na Civilização é uma obra escrita pelo renomado psicanalista Sigmund Freud e publicada originalmente em 1930. Neste livro, Freud explora as tensões entre a cultura e os impulsos individuais, buscando compreender os conflitos psicológicos presentes na sociedade moderna.

Freud argumenta que o desenvolvimento da civilização trouxe consigo restrições e renúncias que limitam a satisfação dos desejos humanos, levando a um sentimento de insatisfação e mal-estar. Ele discute temas como a agressividade humana, os conflitos entre os instintos individuais e as demandas da sociedade, o papel da religião e da moralidade na contenção dos impulsos humanos, entre outros.

O livro aborda a natureza paradoxal da civilização, que promove tanto o progresso e o conforto quanto a repressão e o sofrimento. Freud examina a dinâmica entre o indivíduo e a sociedade, explorando como os desejos e instintos humanos são moldados e canalizados pelos processos civilizatórios.

Esta obra é considerada uma das mais importantes de Freud e oferece uma perspectiva psicanalítica profunda sobre os dilemas e conflitos inerentes à vida em sociedade."

Fonte: elaborado pela autora

7.3.3 - Monografia

Uma monografia é um trabalho acadêmico que sintetiza uma pesquisa realizada sobre um tema específico. É comumente exigida como requisito para obtenção do diploma de curso superior, principalmente em cursos de graduação.

A monografia é uma produção individual do estudante, na qual são aplicados conhecimentos teóricos e metodológicos adquiridos ao longo do curso. Ela tem como objetivo principal demonstrar a capacidade de pesquisa, análise crítica e domínio sobre um tema específico.

A estrutura de uma monografia pode variar de acordo com as normas e diretrizes estabelecidas pela instituição de ensino, mas geralmente inclui os seguintes elementos:

a) capa: contém informações como título do trabalho, nome do autor, nome da instituição, curso, orientador, entre outros dados;

b) resumo: um resumo conciso do trabalho, destacando os principais objetivos, metodologia, resultados e conclusões;

c) sumário: lista dos tópicos e seções do trabalho, com as respectivas páginas;

d) introdução: apresentação do tema, contextualização, problematização, justificativa da escolha do tema e formulação dos objetivos do estudo;
e) revisão bibliográfica: uma análise crítica da literatura existente sobre o tema, com a revisão de estudos e teorias relevantes;
f) metodologia: descrição dos métodos e procedimentos utilizados na pesquisa, incluindo a abordagem teórica, a coleta e análise de dados, entre outros aspectos;
g) resultados: apresentação dos resultados obtidos a partir da pesquisa realizada, podendo incluir gráficos, tabelas, citações ou outros recursos visuais;
h) discussão: análise e interpretação dos resultados, relacionando-os aos objetivos propostos, discutindo suas implicações teóricas e práticas;
i) conclusão: síntese dos principais resultados e considerações finais do trabalho, destacando sua contribuição para a área de estudo;
j) referências bibliográficas: lista de todas as fontes consultadas e citadas ao longo do trabalho, seguindo um formato específico de acordo com as normas de citação adotadas.

É importante ressaltar que as diretrizes específicas para a elaboração da monografia podem variar de acordo com a instituição de ensino e o curso. Portanto, é fundamental consultar as normas e orientações da sua instituição para garantir que a estrutura e o formato estejam em conformidade com as exigências estabelecidas.

7.3.4 - Tese e dissertação

Uma tese e uma dissertação são trabalhos acadêmicos de maior complexidade e extensão, geralmente elaborados por estudantes de pós-graduação em níveis mais avançados, como mestrado e doutorado. Ambos visam contribuir para o avanço do conhecimento em determinada área e são submetidos a uma defesa oral perante uma banca examinadora.

A dissertação é um trabalho acadêmico exigido em cursos de mestrado. Ela consiste em uma pesquisa original e aprofundada sobre um tema específico, com o objetivo de apresentar contribuições significativas para a área de estudo. A dissertação é geralmente desenvolvida ao longo de dois anos, envolvendo revisão bibliográfica, definição de metodologia, coleta e análise de dados, além da discussão e conclusões.

A estrutura de uma dissertação é semelhante à de uma monografia, porém com maior profundidade e extensão. Ela inclui elementos como introdução, revisão bibliográfica, metodologia, resultados, discussão, conclusão e referências bibliográficas. Além disso, a dissertação pode contar com capítulos específicos para abordar aspectos teóricos, metodológicos e análises detalhadas dos resultados obtidos.

Já a tese é um trabalho acadêmico exigido em cursos de doutorado. Ela representa uma pesquisa mais ampla e complexa, que deve contribuir de forma substancial para o avanço do conhecimento em uma determinada área. A tese requer um período de estudo mais longo e aprofundado, geralmente de quatro a seis anos, envolvendo uma pesquisa original e uma análise crítica avançada.

A estrutura de uma tese é similar à da dissertação, porém com uma abordagem mais ampla e aprofundada. Ela inclui os mesmos elementos, mas defende uma tese e por isso costuma ser mais extensa e detalhada.

Tanto a dissertação quanto a tese requerem uma revisão minuciosa da literatura existente sobre o tema, uma metodologia rigorosa, análise de dados e uma argumentação consistente. Ambas são avaliadas por uma banca examinadora, que avalia a qualidade e contribuição do trabalho, bem como a capacidade do estudante em apresentar e defender suas ideias de forma clara e fundamentada.

O que é importante destacar é que cada gênero possui suas marcas discursivas e identificá-las é necessário para que você possa fazer um uso funcional da língua em contextos formais. Atentar-se ao gênero e aos tipos textuais é uma tarefa muito importante na produção de um texto que seja compreendido e interpretado adequadamente pelo leitor.

Lembre-se de que ao escrever um texto, você deve se preocupar com a situação comunicacional para identificar o gênero de texto. E no caso de empresas, verificar quais são os modelos utilizados por ela para o gênero necessário.

CAPÍTULO 8

ALGUMAS DIFICULDADES MAIS FREQUENTES NO USO DA LÍNGUA PORTUGUESA NA VARIANTE DA NORMA CULTA PADRÃO

A língua portuguesa apresenta algumas dificuldades na escrita que podem desafiar os falantes, especialmente aqueles que não têm o português como língua materna ou estão aprendendo o idioma. Algumas das dificuldades mais comuns incluem:

8.1 - Uso dos pronomes – colocação pronominal e pronomes relativos

Neste tópico você estudará a colocação pronominal de acordo com a gramática da norma culta padrão. O problema apresentado na produção de textos de acordo com a gramática da norma culta normalmente está relacionado a situações de uso dos pronomes oblíquos átonos.

> **CURIOSIDADE**
> Os problemas que ocorrem no uso dos pronomes oblíquos átonos decorrem do fato de que na língua falada não se utiliza a norma culta padrão.
> Por exemplo:
> Na língua oral as pessoas dizem:
> - Me empresta sua caneta.
> Na língua escrita formal que deve seguir a norma culta a forma correta é:
> - Empreste-me sua caneta
> Você estudará as regras de colocação e poderá verificar mais diferenças.

No quadro a seguir você verá resumidamente quais são os **pronomes pessoais do caso reto e oblíquo.** Os pronomes pessoais são aqueles que substituem o substantivo e assumem a função de sujeito. Os pronomes oblíquos são aqueles que funcionam como complemento: objeto direto e indireto.

Pronomes Pessoais			
Pessoas do discurso	Caso reto	Caso obCasolíquo	
		átonos	tônicos
1ª pessoa (singular)	EU	me	mim, comigo
2ª pessoa (singular)	TU	te	ti, contigo

Pronomes Pessoais			
Pessoas do discurso	Caso reto	Caso obCasolíquo	
		átonos	tônicos
1ª pessoa (plural)	NÓS	nos	nos, conosco
2ª pessoa (plural)	VÓS	vos	vos, convosco
3ª pessoa (plural)	ELES, ELAS	se, lhes, os, as	eles, elas, si, consigo

Fonte: Elaborado pela autora

8.1.1 - Uso dos pronomes oblíquos átonos

O uso dos pronomes oblíquos átonos na redação de um texto na norma culta padrão segue algumas regras que nem sempre são seguidas no texto informal. Os pronomes oblíquos átonos são: me, te, se, o, os, a, as, lhe, lhes, nos, vos.

Elas são regidas pela análise de sua posição na oração perante o verbo, que podem ocorrer em três situações denominadas próclise, mesóclise e ênclise, conforme você verá a seguir:

8.1.1.1 - Próclise

A próclise ocorre em situações, cujo pronome oblíquo átono deve vir **antes do verbo**.

Ela não **me falou** que o parque era tão lindo.

Para que o **pronome venha antes do verbo**, algumas regras devem ser observadas:

a) se **antes do verbo existir uma palavra ou expressão de valor negativo** – não, ninguém, nunca, sem, jamais, nada, ninguém, nem, entre outras.
Exemplo
Jamais **me** senti tão humilhada.
Nem **se** atreva sair desta sala.

b) se **antes do verbo houver um pronome relativo ou com função de pronome interrogativo** – o qual, os quais, cujo, cujos, quanto, quantos, que, quem e onde.
Exemplos:
Sempre **que me arrumo** para ir à praia, chove.
Foi ele **quem me convidou** para ir ao baile.
Quem se inscreveu para o concurso?
Quanto nos foi dado em troca de tantos favores?

c) se houver **antes do verbo uma conjunção subordinativa**.
Exemplos:
Embora se acostume com a pobreza, quem é rei nunca perde a majestade.
Conforme nos foi dito, as aulas começam amanhã.
À medida que me agradava, mais ela ficava feliz.

d) se houver **um advérbio ou uma expressão adverbial antes do verbo**: talvez, sempre, mais, menos etc.
Exemplos:
Nós **sempre nos damos** presentes em datas comemorativas.
Quanto **mais nos apavoramos, mais nos fortalecemos.**
Quanto **menos se espera** das pessoas, **mais** feliz **se é**.

e) se houver gerúndio precedido de preposição.
Exemplos:
Em se tratando de mercado exterior, ele é muito competente.
Em se pensando em lazer, só mesmo nas férias.

8.1.1.2 - Ênclise

A ênclise são as demais situações em que não ocorre a próclise. Nestes casos o pronome tem de vir após o verbo.

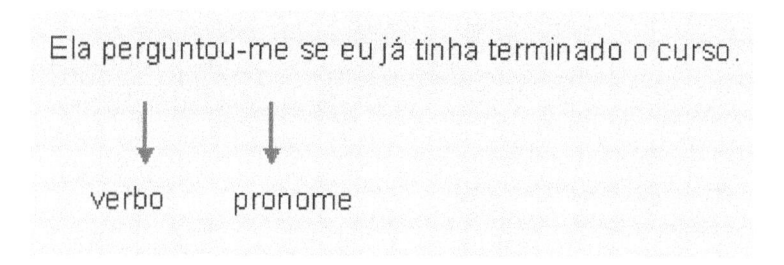

```
Ela perguntou-me se eu já tinha terminado o curso.
         ↓        ↓
       verbo   pronome
```

8.1.1.3 - Casos com locução verbal

A locução verbal é composta por dois ou mais verbos, contendo o verbo auxiliar e o principal.
Exemplo:
Tinha levado.
Vou levando.
Vou levar.
Nestes casos as regras são as seguintes:

Auxiliar + infinitivo ou gerúndio - as regras seguidas são as mesmas de quando há o verbo simples.:
– Próclise, em qualquer circunstância. Menos em início de frase, pois nunca se inicia uma frase com pronome oblíquo átono..

Ele	não	se	vai	esforçar mais.
	advérbio de negação	pronome	verbo auxiliar	verbo no infinitivo

Ele	tem	se	esforçado para as provas.
	verbo auxiliar	pronome	verbo principal

Auxiliar + particípio – o pronome oblíquo átono nunca poderá estar após o verbo principal.
Só virá antes do verbo auxiliar se houver caso de próclise.

Ele	não	se	tem	esforçado para as provas.
	advérbio de negação	pronome	verbo auxiliar	verbo no particípio

Ele		se	está	esforçando para as provas
	advérbio de negação	pronome	verbo auxiliar	verbo no gerúndio

8.1.1.4 - Mesóclise

A mesóclise é uma forma que está em desuso, mas é importante conhecê-la. Ela ocorre quando o pronome oblíquo átono vem entre o radical e a desinência das formas verbais do futuro do presente e do futuro do pretérito.

Conceito
O verbo é composto em sua formação por partes: radical, vogal temática e desinência.

Veja o exemplo do verbo AMAR

O **radical** é a parte que não varia em verbo regular. Ela é a parte do sentido do léxico/palavra. No caso do verbo AMAR é o AM.

A **vogal temática** é aquela que distingue as três conjugações verbais:
a - indica a primeira conjugação - am**ar**, and**ar**, fal**ar**...
e - indica a segunda conjugação - beb**er**, com**er**, viv**er**...
i - indica a terceira conjugação - dorm**ir**, sum**ir**, divid**ir**...

A **desinência** indica a pessoa, o tempo e os modos verbais.

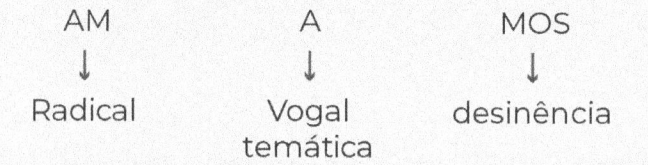

AM	A	MOS
↓	↓	↓
Radical	Vogal temática	desinência

Veja quando ocorre a mesóclise:

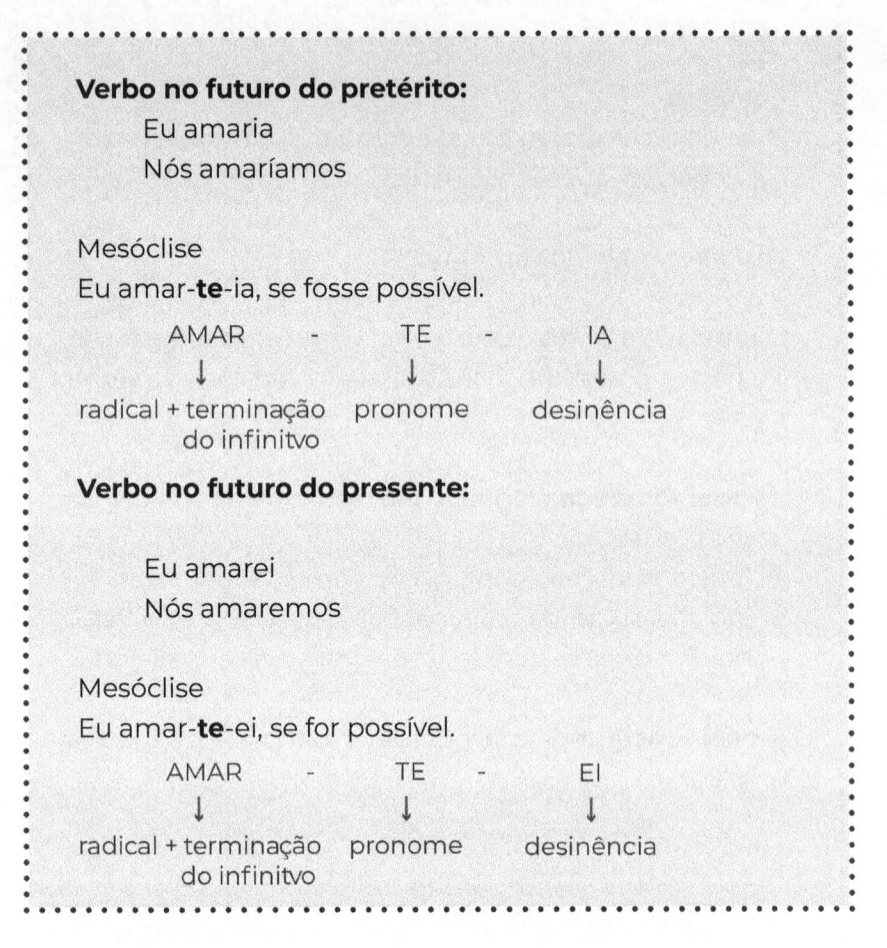

Verbo no futuro do pretérito:
    Eu amaria
    Nós amaríamos

Mesóclise
Eu amar-**te**-ia, se fosse possível.

    AMAR   -   TE   -   IA
    ↓   ↓   ↓
radical + terminação   pronome   desinência
   do infinitvo

Verbo no futuro do presente:

    Eu amarei
    Nós amaremos

Mesóclise
Eu amar-**te**-ei, se for possível.

    AMAR   -   TE   -   EI
    ↓   ↓   ↓
radical + terminação   pronome   desinência
   do infinitvo

Não ocorre mesóclise se houver caso de próclise.
Exemplos:
1. **Não te amarei.**
2. **Nunca te amaria.**

> **Curiosidade**
> NUNCA se deve iniciar uma oração, no texto escrito que requeira a norma culta padrão, com o pronome oblíquo átono.
> Você pode dizer oralmente:
> - me refiro à festa de final de ano.
> Mas se estiver escrevendo em algum gênero que é da norma culta padrão deve escrever:
> - Refiro-me à festa de final de ano.

8.1.2 - Pronomes relativos

Os pronomes relativos possuem a função de ligar orações que estabelecem uma relação de retomada de ideias.

Exemplos:

O aluno **que** ganhou o prêmio é muito estudioso.

O pronome 'que' retoma o sujeito 'aluno'.

Os pronomes relativos introduzem as orações subordinadas adjetivas. No exemplo dado, a oração subordinada adjetiva é restritiva 'que ganhou o prêmio'.

Outro exemplo:

Os livros **os quais** lemos contêm crônicas engraçadas.

Os pronomes relativos são:

PRONOMES RELATIVOS				
VARIÁVEIS				INVARIÁVEIS
MASCULINO		FEMININO		
o qual	os quais	a qual	as quais	que
cujo	cujos	cuja	cujas	quem
quanto	quantos	quanta	quantas	onde

Vamos ver a utilização deles na oração:
- **PRONOME QUE**
O pronome 'que' é o mais utilizado e pode ser substituído por 'o qual', 'a qual', 'os quais', 'as quais'. Ele possui a função de pronome relativo e conjunção integrante. Como conjunção integrante, introduz orações subordinadas substantivas. Aqui, você o estudará como pronome relativo.
Exemplos:
A sala **que** está aberta é a de reunião.

- **PRONOMES O QUAL, OS QUAIS, A QUAL, A QUAIS**
Estes pronomes são exclusivamente relativos. Podem vir ou não com preposição a depender da regência.
Exemplo:
As praias, **nas** quais houve as festas, ficaram muito sujas. (praias **em** que houve as festas)
nas = em +as

- **PRONOME CUJO/CUJA**
Os pronomes cujo ou cuja estabelecem uma relação de posse com o antecedente. Por isso, podem ser substituídos por "do qual', 'da qual'.
Exemplo:
A música, cuja melodia agradou a todos, foi composta por 3 músicos.
A música, da qual a melodia agradou a todos, foi composta por 3 músicos.

- **PRONOME ONDE**
O pronome onde, como os demais, estabelece uma relação entre as orações. Mas importante ressaltar que ele só pode ser utilizado em situações em que indique lugar físico.

Exemplo:
A cidade, onde parte dos brasileiros gostam de viajar, é Orlando, nos Estados Unidos.

8.2 - Uso de algumas palavras ou expressões

8.2.1 - MESMO

Estas palavras possuem as seguintes classes gramaticais: adjetivo, advérbio, substantivo, conjunção.

Quando a palavra mesmo for utilizada **como adjetivo** pode ser substituída pela palavra "próprio", possui plural e singular, masculino e feminino.

Exemplos:
Eles mesmos fizeram a brincadeira. (próprios)
Elas mesmas fizeram a brincadeira. (próprias)

Quando a palavra for usada como **advérbio**, possui o sentido de 'justamente', 'de fato', 'até', 'ainda' **ela é invariável.**

Exemplo:
Nos encontramos aqui **mesmo**.
ou seja
Nos encontramos **justamente** aqui.

Quando é usada como **substantivo**, tem o sentido de 'a mesma coisa' ou 'do mesmo modo'.

Exemplo:
O mesmo que fiz a você, fiz para ela também. (a mesma coisa)

Ao ser usada como conjunção concessiva, possui o sentido de 'embora', 'ainda que'.

Exemplo:
Mesmo que você peça mil vezes, não a deixarei sair de casa.
ou seja
Ainda que você peça mil vezes, não a deixarei sair de casa.

> **Dica**
> A palavra **mesmo** não deve ser usada com a função de pronome pessoal (de acordo com a gramática da norma culta). É comum as pessoas a utilizarem de forma incorreta. Por exemplo, temos a lei que está afixada ao lado das portas dos elevadores que diz:
> "Antes de entrar no elevador, verifique se **o mesmo** encontra-se parado neste andar."
> O correto é substituir a expressão 'o mesmo' e colocar o pronome ele, por exemplo.
> "Antes de entrar no elevador, verifique se **ele** se encontra parado neste andar."

8.2.2 - ANEXO e INCLUSO

São adjetivos e por isso devem concordar com o substantivo.

O **documento** segue **anexo**. (incluso)

As **recomendações** seguem **anexas**. (inclusas)

A palavra **anexo** possui algumas considerações a respeito do seu uso.

Essa palavra **pode ser um adjetivo**, e então concorda com o substantivo a que se refere, como já foi dito. Entretanto, ela **pode ser um substantivo**, como no exemplo:

Ele mora no **anexo** da casa.

Pode ser um **verbo no particípio**, como no exemplo:

Os documentos estão **anexados** ao relatório.

Por tais razões, quando você vai usar essa expressão, deve ter a ideia de qual sentido deseja dar.

Se em um email, você precisa enviar documentos, prefira a palavra **anexados**.

Exemplo:
Seguem os documentos **anexados**.
(e nesse caso, a concordância ocorre em gênero e número, pois anexado é um particípio com função adjetiva).
Se preferir usar a expressão **'em anexo'**, ela não pode ser variada, pois é uma locução adverbial.

8.2.3 - QUITE

É o adjetivo que significa 'que está livre de algo', 'desobrigado'. Por isso, é um adjetivo e deve concordar com o substantivo em número, já que não há variação de gênero para essa palavra.
Exemplo:
Os **compradores** estão **quites** com o comércio.

8.2.4 - OBRIGADO ou OBRIGADA

A expressão obrigado surge dentro de um contexto de agradecimento. A pessoa se sente agradecida por alguma coisa que tenha recebido. Há uma história que diz que antigamente, quando alguém recebia alguma coisa ou favor de outro alguém era obrigado a retribuir.
Ao agradecer, a pessoa diz: eu me sinto obrigada a agradecer.
Então, quando se diz obrigado, está se dizendo que se vai retribuir o feito.
Atualmente, a palavra obrigada tem mesmo o sentido de agradecimento, apenas. Ainda sim, deve concordar com o determinante.
Por isso, se quem agradece é do **gênero masculino**, diz: Obrigado.
Se é do gênero **feminino**, diz: Obrigada.
Exemplo:
Maria disse:

- Muito **obrigada** pela ajuda.

José disse:
- **Obrigado** pela parceria.

8.2.5 - MUITO, POUCO, BASTANTE

Estas palavras podem ser **pronomes indefinidos ou advérbios**. Como pronome indefinido devem variar em gênero (se for o caso) e número com o determinante. Veja o exemplo:

Muitas pessoas estavam na festa.
Muitos carros quebraram na estrada.
Poucas mulheres jogam futebol.
Poucos homens dançam.
Bastantes aviões voam no céu do Atlântico.

Quando estas palavras são usadas como **advérbios** não devem variar, porque completam o sentido do verbo.

Exemplo:
As meninas **falam muito**.
(Falam com muita intensidade. O 'muito' completa a ideia do verbo falar.)

8.2.6 - CARO e BARATO

Estas palavras podem ser advérbios ou adjetivos. Por isso, ao analisar a oração para verificar sua concordância verbal, tem-se de atentar a isso.

Quando **CARO** e **BARATO** são **adjetivos:**
Os **carros** estavam **caros**.
Os **carros** estavam **baratos.**
As **roupas** eram **caras.**

(Caro e barato são predicativos do sujeito, pois completam a ideia do núcleo do sujeito. Por isso, ficam no plural)

Quando **CARO** e **BARATO** são **advérbios**:

Os carros **custam caro**.
(é um advérbio, pois completa a ideia do verbo custar. Por isso é invariável)
As roupas **custam caro**.

8.2.7 - MEIO

A palavra **meio** pode ser um **numeral ou advérbio**. Se for um **NUMERAL** ela vai variar em **gênero e número** com o **determinante**.
Exemplo:
Eles beberam **meia garrafa** de vinho.
Ela bebeu **meio litro** de água.

Se for um **ADVÉRBIO** (significando 'mais ou menos') fica **invariável**:
Exemplo:
Maria anda **meio** triste.
ou seja
Ela anda '**mais ou menos**' triste.

A rua está **meio** alagada.
ou seja
A rua está **mais ou menos** alagada.

8.2.8 - É BOM, É NECESSÁRIO, É PROIBIDO, É PRECISO

Estas expressões **variam de acordo com os substantivos**. Se eles vêm acompanhados de artigos ou de determinantes as expressões vão variar em gênero e número. Caso contrário, mantêm-se no singular.

Exemplos:
É **boa a comida** daquele restaurante.
Comida é **bom**.

É **necessária a amizade** entre as pessoas.
É **necessário amizade** entre as pessoas.

É **proibida a entrada** de estranhos.
É **proibido entrada** de animais.

Eram **precisas as frutas** para o suco.
Era **preciso frutas** para o suco.

8.2.9 - MENOS

Estas palavras são advérbios e por isso **NUNCA VARIAM** em gênero ou número.
Exemplos:
Eles deveriam falar **menos**.
Menos pessoas conseguem viajar no inverno.
Havia **menos** gente aqui ontem.

8.2.10 - AO ENCONTRO DE ou DE ENCONTRO A?

Ao encontro de – quer dizer favorável a, para junto de.
Exemplos:
Isso vem ao encontro do desejo da turma.
Vamos ao encontro dos colegas.
De encontro a – quer dizer contra ou desfavorável.
Exemplos:
Um carro foi de encontro a outro.
Esta medida desagradou aos funcionários, porque veio de encontro às suas aspirações.

8.3 - USO DOS PORQUÊS

Na língua portuguesa temos 4 formas de escrever a palavra porquê.

1. **Por que (separado e com acento):**
- Uso interrogativo: é utilizado para fazer perguntas diretas ou indiretas. Exemplo: Por que você está chorando?
- Uso em orações subordinadas interrogativas: Exemplo: Não entendo por que você não veio.
2. **Por quê (separado e com acento):**
- Uso interrogativo no final de uma frase: É utilizado quando a pergunta ocorre no final de uma frase. Exemplo: Ela não veio à festa. Por quê?
3. **Porque (junto e sem acento):**
- Uso causal: É utilizado para indicar a causa ou o motivo de algo. Exemplo: Eu não fui ao cinema, porque estava doente.
- Uso explicativo: É utilizado para explicar ou justificar algo. Exemplo: Eu gosto de ler porque amplia meus conhecimentos.
- Uso para introduzir uma resposta: Exemplo: Perguntei-lhe por que não veio, e ele respondeu porque estava ocupado.
4. **Porquê (junto e com acento):**
- Uso substantivo: Nesse caso, o "porquê" é utilizado como um substantivo, equivalente a "a causa" ou "o motivo". Exemplo: Não entendo o porquê de tanta confusão.

Dicas práticas para utilização dos porquês

Forma	Dica	Exemplo
porquê	É possível variar a palavra em número. Vem acompanhado de artigo ou pronomes.	O **porquê** dos erros do passado é a falta de reflexão sobre <u>os **porquês**</u> dos futuros acertos.
porque	quando for uma explicação ou causa e puder ser substituído pelo 'pois'.	A cidade alagou, **porque** choveu. ou seja A cidade alagou, **pois** choveu.
por que	utilizado em perguntas, mas também em orações subordinadas. Neste caso, se a palavra não puder ser substituída pela conjunção "pois", então é separado.	Não sei por que razão ela sempre se atrasa.
por quê	usado nas situações em que há interrogação, mas só é acentuado quando estiver no final da frase.	Você fez isso, por quê?

Fonte: Elaborado pela autora

> **Vamos pensar?** 🤔
> Leia o diálogo a seguir com o uso dos porquês:
> Ana e Pedro estavam caminhando em um clube quando se encontraram:
> - Olá, Ana. Como você está? **Por que** não foi à aula na sexta-feira?
> - Oi, Pedro, não fui, **porque** estava doente. Fiquei muito angustiada por causa da semana de provas que se aproxima.
> - Mas este foi o **porquê** você faltou? Deveria ter ido, **porque** a professora fez uma revisão. Depois você fica pensando **por que** se sai mal nas notas.
> - Eu, não, **por quê**?

Se você analisou desta forma a seguir, acertou!

Observe no texto que o primeiro porquê está escrito separado e sem acento, por estar em uma pergunta. O segundo porquê, é a conjunção explicativa, tanto que pode ser substituído pelo 'pois', como ocorre com o quarto porquê.

O terceiro porquê tem a função de substantivo. O quinto, é a junção da preposição com o pronome relativo, você poderia substituir por: "por qual motivo". O último, é o porquê separado e com acento que é usado no final de uma oração.

Escrever respeitando a norma culta não é tarefa fácil, se não se praticar. A prática pode ser realizada por meio de leituras de textos considerados formais e na redação de textos na língua formal. Lembre-se sempre de que a gramática é um manual de regras da norma culta que deve ser consultado sempre que exista alguma dúvida em relação à forma de se produzir um texto.

CAPÍTULO 9

EXERCÍCIOS PARA PRATICAR

(Exercícios indicados para realizar após capítulos 1 e 2)
Classe de palavras

1 - Leia o texto a seguir e identifique qual é a classe das palavras destacadas dentro da perspectiva morfossintática.

Ana e o trabalho da escola

A **jovem estudante** chamada **Ana**, que era **extremamente dedicada** aos estudos e sempre se esforçava para obter as melhores notas em sua escola, recebeu um trabalho de redação da sua professora de português e, como de costume, ela começou a trabalhar imediatamente nele.

Ela passou horas escrevendo e revisando seu texto, tentando se certificar de que tudo estava perfeito antes de entregar à sua professora. **No entanto**, mesmo após a revisão, Ana não percebeu que havia cometido um erro crucial na sua redação: ela havia confundido a palavra "conselho" com "concílio".

Quando a **professora de português** entregou os trabalhos corrigidos, Ana ficou surpresa ao ver que não tinha recebido nota máxima. Ela estava devastada e não conseguia entender o que havia acontecido. **Então**, ela pediu à sua professora que lhe explicasse o motivo da nota e a professora mostrou-lhe o erro que havia cometido na redação.

Ana ficou envergonhada e triste por seu erro, mas ela aprendeu uma lição valiosa sobre a importância da revisão cuidadosa e atenção aos detalhes. A partir desse dia, Ana se esforçou ainda mais para aprimorar suas habilidades de escrita e se tornou uma das melhores alunas em sua turma de português.

Com o tempo, Ana percebeu que, embora os erros de redação sejam **dolorosos**, eles também podem ser uma oportunidade para aprender e crescer. E ela continuou a usar suas experiências para melhorar suas habilidades de escrita, tornando- se uma escritora incrível no futuro.

2 - Agora, ainda com o mesmo texto, veja os verbos assinalados e classifique-os quanto ao tempo do pretérito do indicativo dentro da tabela a seguir:

<u>Ana e o trabalho da escola</u>
A jovem estudante chamada Ana, que **era** extremamente dedicada aos estudos e sempre se **esforçava** para obter as melhores notas em sua escola, **recebeu** um trabalho de redação da sua professora de português e, como de costume, ela **começou** a trabalhar imediatamente nele.

Ela **passou** horas escrevendo e revisando seu texto, tentando se certificar de que tudo estava perfeito antes de entregar à sua professora. No entanto, mesmo após a revisão, Ana não **percebeu** que **havia cometido** um erro crucial na sua redação: ela **havia confundido** a palavra "conselho" com "concílio".

Quando a professora de português **entregou** os trabalhos corrigidos, Ana **ficou** surpresa ao ver que não **tinha recebido** nota máxima. Ela **estava devastada** e não **conseguia entender** o que **havia acontecido**. Então, ela **pediu** à sua professora que lhe explicasse o motivo da nota e a professora **mostrou**-lhe o erro que **havia cometido** na redação.

Ana **ficou** envergonhada e triste por seu erro, mas ela **aprendeu** uma lição valiosa sobre a importância da revisão cuidadosa e atenção aos detalhes. A partir desse dia, Ana se **esforçou** ainda mais para aprimorar suas habilidades de escrita e se **tornou** uma das melhores alunas em sua turma de português.

Com o tempo, Ana **percebeu** que, embora os erros de redação sejam dolorosos, eles também podem ser uma oportunidade para aprender e crescer. E ela **continuou** a usar suas experiências para melhorar suas habilidades de escrita, tornando- se uma escritora incrível no futuro.

(Exercícios indicados para realizar após capítulo 3)

3 - Leia a oração a seguir e analise-a em relação ao uso das vírgulas. Explique de acordo com o que estudou, quais as razões em que a vírgula está sendo utilizada.

"Apesar de Ana ter estudado muito e ter se esforçado para conseguir uma nota alta na prova, acabou não alcançando o resultado desejado, o que a deixou bastante desanimada e preocupada com seu desempenho acadêmico futuro, porque sabe que a concorrência no mercado de trabalho está cada vez mais acirrada e que um bom desempenho na universidade é fundamental para garantir um bom emprego no futuro."

4 - Agora leia o período a seguir e pontue corretamente com a vírgula e o ponto:

"O mundo em que vivemos é extremamente complexo e multifacetado e tem uma infinidade de problemas e desafios que precisam ser enfrentados diariamente há questões socioeconômicas e políticas e desafios ambientais e de saúde pública isto exige uma abordagem holística e colaborativa por parte das comunidades globais governos organizações e indivíduos a fim de que se possa garantir um futuro sustentável e próspero para as gerações presentes e futuras."

5 - Leia o trecho a seguir e analise-o em relação ao uso correto dos verbos: fazer, haver e ser.

Ontem, fomos ao futebol. Faziam muitos anos que não frequentávamos um estádio. Quando entramos, haviam muitas pessoas lá. Nosso time entrou em campo com muita energia, mas o resultado não foi muito favorável para nós, porque perdemos. Pois é, nem tudo é glórias.

(Exercícios indicados para realizar após capítulo 4)

6 - Leia o texto a seguir e reflita sobre a sua organização e identifique quais problemas encontrou em sua coesão referencial:

"Todas as crianças adoram brincar. Elas passam horas se divertindo e não querem parar. Quando uma criança está brincando, ela se envolve completamente na atividade. Às vezes, as crianças brincam com brinquedos, mas outras vezes elas preferem jogos ao ar livre. No parque, elas correm, pulam e se divertem. À medida que as crianças crescem, elas descobrem novas formas de brincar. Ele se tornam mais criativas e inventam jogos com regras próprias. Uma coisa é certa: brincar é essencial para o desenvolvimento infantil. Eles aprendem a compartilhar, a resolver problemas e a socializar. Quando as crianças brincam, elas estão felizes e isso é contagiante. Portanto, é importante incentivar a brincadeira e proporcionar um ambiente seguro para que elas possam explorar sua imaginação."

7 - Nessa crônica, existem alguns problemas gramaticais. Identifique-os:

"Ontem eu vi uma cena muito engraçado. Um homem andava na rua cantando e dançando, como se fossem o dono do mundo. As pessoas olhava para ele com admiração e estranheza. Eu pergunto para um senhor o que estava acontecendo e ele respondeu que aquele homem estava feliz porque ele tinha ganhado na loteria. É incrível como o dinheiro mudam as pessoas, não é mesmo?"

8 - Leia a crônica a seguir e organize os parágrafos na ordem correta:

- O sol surge tímido por entre os arranha-céus, lançando seus raios dourados sobre o horizonte urbano. O despertar da cidade é acompanhado pelo eco dos alarmes dos carros e pelos passos apressados dos transeuntes, cada um com sua missão a cumprir. No café da esquina, o aroma do café recém-passado mistura-se com o cheiro de pão fresco, atraindo a clientela ávida por uma dose de energia matinal.
- Assim termina mais um dia em uma grande cidade, com suas complexidades e belezas entrelaçadas. Amanhã, as ruas voltarão a ser inundadas pela multidão, os carros seguirão em suas correrias e as histórias continuarão a se desdobrar. Enquanto isso, a cidade permanece como um palco onde cada indivíduo desempenha seu papel, construindo o enredo de uma metrópole em constante movimento.
- Em meio ao turbilhão de concreto, trânsito frenético e multidões apressadas, um dia se desenrola na imensidão de uma grande cidade. É nesse cenário cosmopolita, repleto de histórias entrelaçadas, que embarco em minha crônica.
- Enquanto percorro as ruas, noto a diversidade que preenche cada esquina. Os rostos dos pedestres revelam histórias distintas, trajetórias que se cruzam por um breve momento, compartilhando o mesmo espaço. Há os executivos imersos em suas preocupações, os estudantes ansiosos por conhecimento, os artistas em busca de inspiração e os turistas encantados com a grandiosidade da metrópole.
- Além disso, vejo os prédios imponentes que parecem tocar o céu, enquanto as vitrines chamativas exibem a última moda e as novidades tecnológicas. É uma cidade que nunca dorme, onde a vida pulsa a todo momento, a todo instante. Os

sons dos carros, das buzinas e dos vendedores ambulantes criam uma sinfonia caótica, porém vibrante, que embala o dia a dia daqueles que habitam esse microcosmo urbano.
- A cidade se transforma. As luzes dos letreiros piscam, anunciando a chegada da noite e trazendo consigo uma nova energia. Os bares e restaurantes ganham vida, abrigando encontros e celebrações. Os teatros e cinemas convidam os amantes da arte a embarcar em histórias fictícias, temporariamente esquecendo a realidade agitada do lado de fora.
- No fim do dia, quando as luzes se apagam e o movimento diminui, a grande cidade recolhe-se em um breve momento de silêncio. Os moradores cansados encontram seus lares, enquanto os sonhadores contemplam o horizonte, imaginando o que o amanhã trará. A cidade, que muitas vezes pode parecer fria e impessoal, guarda em seu âmago uma infinidade de histórias, sonhos e possibilidades.
- Em meio ao barulho, há o silêncio de parques e praças, pequenos oásis em meio à selva de concreto, pessoas encontram refúgio. Crianças correm e riem livremente, casais apaixonados se abraçam sob a sombra das árvores, idosos encontram um momento de paz para descansar. O verde rompe a rigidez da cidade, proporcionando um alívio para os olhos e um respiro para a alma. O sol vai se pondo, enquanto a tarde avança.
- Assim termina mais um dia em uma grande cidade, com suas complexidades e belezas entrelaçadas. Amanhã, as ruas voltarão a ser inundadas pela multidão, os carros seguirão em suas correrias e as histórias continuarão a se desdobrar. Enquanto isso, a cidade permanece como um palco onde cada indivíduo desempenha seu papel, construindo o enredo de uma metrópole em constante movimento.

(Exercícios indicados para realizar após capítulo 6)

9 - Complete as frases com ou sem a crase, conforme apropriado:

   a) Eu vou à/na praia todos os fins de semana.
   b) Ela foi à/na festa de aniversário do amigo.
   c) Vou à/na escola estudar para a prova.
   d) Eles foram à/na reunião do trabalho.

10 - Indique se há crase nas seguintes frases:
   a) Agradeço a atenção as minhas palavras.
   b) O professor entregou os trabalhos as alunas.
   c) Ela se referiu as pessoas presentes.

Lembre-se de que a crase é utilizada quando ocorre a fusão da preposição "a" com o artigo definido feminino "a". É importante estar atento às situações em que a crase é obrigatória ou facultativa, de acordo com as regras da língua portuguesa.

11 - Faça o desenvolvimento do texto dissertativo a partir da introdução e conclusão a seguir:

Introdução:
A poluição é um dos maiores desafios ambientais que enfrentamos atualmente. Ela afeta negativamente nossa saúde, ecossistemas e qualidade de vida. Temos a necessidade de explorarmos os diversos aspectos da poluição e sua influência em nosso mundo, para assim poder destacar a urgência de ações coletivas para combater esse problema crescente.

Conclusão:
A poluição é um desafio global que requer ação imediata e coletiva. Precisamos reconhecer a gravidade dos impactos e trabalhar juntos para encontrar soluções sustentáveis. Ao adotar práticas ambientalmente conscientes e apoiar iniciativas de combate à poluição,

podemos preservar o meio ambiente, proteger nossa saúde e garantir um futuro saudável para as gerações vindouras. Cada um de nós tem um papel importante a desempenhar nessa jornada, e é fundamental agir agora para criar um mundo livre da poluição.

CAPÍTULO 10

SOLUÇÃO COMENTADA DOS EXERCÍCIOS

(Exercícios indicados para realizar após capítulos 1 e 2)
Classe de palavras

1 - Leia o texto a seguir e identifique qual é a classe das palavras destacadas dentro da perspectiva morfossintática.

<u>Ana e o trabalho da escola</u>
A **jovem estudante** chamada **Ana**, que era **extremamente dedicada** aos estudos e sempre se esforçava para obter as melhores notas em sua escola, recebeu um trabalho de redação da sua professora de português e, como de costume, ela começou a trabalhar imediatamente nele.

Ela passou horas escrevendo e revisando seu texto, tentando se certificar de que tudo estava perfeito antes de entregar à sua professora. **No entanto**, mesmo após a revisão, Ana não percebeu que havia cometido um erro crucial na sua redação: ela havia confundido a palavra "conselho" com "concílio".

Quando a **professora de português** entregou os trabalhos corrigidos, Ana ficou surpresa ao ver que não tinha recebido nota máxima. Ela estava devastada e não conseguia entender o que havia acontecido. **Então**, ela pediu à sua professora que lhe explicasse o motivo da nota e a professora mostrou-lhe o erro que havia cometido na redação.

Ana ficou envergonhada e triste por seu erro, mas ela aprendeu uma lição valiosa sobre a importância da revisão cuidadosa e atenção aos detalhes. A partir desse dia, Ana se esforçou ainda mais para aprimorar suas habilidades de escrita e se tornou uma das melhores alunas em sua turma de português.

Com o tempo, Ana percebeu que, embora os erros de redação sejam **dolorosos**, eles também podem ser uma oportunidade para aprender e crescer. E ela continuou a usar suas experiências para melhorar suas habilidades de escrita, tornando- se uma escritora incrível no futuro.

Correção comentada

É importante ressaltar que nossa correção faz uma análise morfossintática, pois as palavras possuem funções no contexto do texto. Então, há palavras que podem possuir mais de uma função no texto.

jovem estudante – Aqui temos uma situação que causa muita confusão, pois são duas palavras que podem ser tanto substantivos quanto adjetivos. O artigo definido **A** substantiva a palavra **jovem**. Então, se formos analisar com rigor, **jovem** é o substantivo e **estudante** o adjetivo de jovem. Não é qualquer jovem, mas uma jovem estudante.

Entretanto, estas palavras têm o objetivo de apresentar as características de **Ana**, a personagem protagonista da nossa história. Por essa razão, as duas palavras possuem a função morfossintática de adjetivar Ana. **Ana** é **jovem** e **Ana** é **estudante**.

> **O que é importante observar nessa análise em relação às regras da gramática da norma culta?**
> A concordância de gênero com o substantivo a que se refere. Estas palavras não possuem gênero definido pela terminação (sem artigo ou sem o referente, não podemos afirmar se são masculinas ou femininas), mas o artigo **A** as define como femininas concordando com o substantivo **Ana**.

extremamente dedicada – advérbio – extremamente, caracteriza em modo e intensidade o quanto Ana era dedicada. Nesse caso, essa palavra mantém-se na classe de advérbios e é invariável. Já a palavra **dedicada qualifica** como a Ana era. Por isso, ela concorda com Ana em relação ao gênero feminino.

Ela – pronome – pronomes têm a função de substituir o nome. Nesse texto, o pronome está sendo utilizado para evitar a repetição da palavra Ana e manter a coesão entre a protagonista e o ato de escrever e revisar o texto.

seu texto – seu – pronome – texto – substantivo – Aqui o importante é observar que o pronome **seu** traz a ideia de possessão entre Ana e o texto. É a forma de ligar estas ideias. Não se trata de qualquer texto, mas do texto da Ana.

No entanto – conjunção adversativa – Essa é a palavra que liga a ideia da Ana ter se esforçado ao resultado não desejado. Ana passou horas escrevendo e revisando o seu texto (o que se presume o resultado que ela desejava), mas ao contrário, não conseguiu a nota máxima como desejava.

professora de português – professora – substantivo, de português – locução adjetiva – Nem sempre os adjetivos são só palavras. Nesse caso é uma ligação entre a preposição **de** e o substantivo **português**. Juntos, eles adjetivam a professora.

Então – conjunção conclusiva – Essa é uma conjunção que é usada para concluir uma ideia. Nesse caso, a ideia de solicitar à professora a explicação dos motivos da nota não ser a máxima.

lhe – pronome – o pronome aqui está se referindo a Ana. Ao invés de estar escrito: a professora mostrou a Ana, optou-se pelo uso do pronome.

2 - Agora, ainda com o mesmo texto, veja os verbos assinalados e classifique-os quanto ao tempo do pretérito do indicativo dentro da tabela a seguir:

Ana e o trabalho da escola

A jovem estudante chamada Ana, que **era** extremamente dedicada aos estudos e sempre se **esforçava** para obter as melhores notas em sua escola, **recebeu** um trabalho de redação da sua professora de português e, como de costume, ela **começou** a trabalhar imediatamente nele.

Ela **passou** horas escrevendo e revisando seu texto, tentando se certificar de que tudo estava perfeito antes de entregar à sua professora. No entanto, mesmo após a revisão, Ana não **percebeu** que **havia cometido** um erro crucial na sua redação: ela **havia confundido** a palavra "conselho" com "concílio".

Quando a professora de português **entregou** os trabalhos corrigidos, Ana **ficou** surpresa ao ver que não **tinha recebido** nota máxima. Ela **estava devastada** e não **conseguia entender** o que **havia acontecido**. Então, ela **pediu** à sua professora que lhe explicasse o motivo da nota e a professora **mostrou**-lhe o erro que **havia cometido** na redação.

Ana **ficou** envergonhada e triste por seu erro, mas ela **aprendeu** uma lição valiosa sobre a importância da revisão cuidadosa e atenção aos detalhes. A partir desse dia, Ana se **esforçou** ainda mais para aprimorar suas habilidades de escrita e se **tornou** uma das melhores alunas em sua turma de português.

Com o tempo, Ana **percebeu** que, embora os erros de redação sejam dolorosos, eles também podem ser uma oportunidade para aprender e crescer. E ela **continuou** a usar suas experiências para melhorar suas habilidades de escrita, tornando- se uma escritora incrível no futuro.

Correção comentada

É claro que este texto está escrito no tempo passado, pois é um texto narrativo. É um relato. Relatos são registros de fatos ou ocorrências que já aconteceram.

Para relembrar vamos aos significados de uso dos verbos:
- Pretérito perfeito: é usado para indicar ações ou eventos passados que já foram concluídos.
- Pretérito imperfeito: é usado para representar a forma habitual ou repetida no passado ou para descrever o contexto de uma situação passada que não foi acabada.
- Pretérito mais que perfeito: é usado para indicar uma ação ou evento que ocorreu antes de outra ação ou evento passado. Normalmente, usa-se a locução verbal. Ex.: tinha feito, tínhamos feito, tinham feito, havia comprado, havíamos comprado, haviam comprado.

pretérito perfeito	pretérito imperfeito	pretérito mais que perfeito
recebeu	era	havia cometido
começou	esforçava	havia confundido
passou	estava devastada	tinha recebido
percebeu	conseguia entender	havia acontecido

pretérito perfeito	pretérito imperfeito	pretérito mais que perfeito
entregou		
ficou		
pediu		
mostrou		
ficou		
aprendeu		
esforçou		
tornou		
percebeu		
continuou		

?

O que é importante observar nessa análise em relação às regras da gramática da norma culta?
É importante perceber que os verbos mantêm a coesão temporal.

(Exercícios indicados para realizar após capítulo 3)

3 - Leia a oração a seguir e analise-a em relação ao uso das vírgulas. Explique de acordo com o que estudou, quais as razões em que a vírgula está sendo utilizada.

"Apesar de Ana ter estudado muito e ter se esforçado para conseguir uma nota alta na prova, acabou não alcançando o resultado desejado, o que a deixou bastante desanimada e preocupada com seu desempenho acadêmico futuro, porque sabe que a concorrência no mercado de trabalho está cada vez mais acirrada e que um bom desempenho na universidade é fundamental para garantir um bom emprego no futuro."

?

O que é importante observar nessa análise
Que a vírgula serve para organizar as ideias em um texto, além de possibilitar a entonação na leitura. Mas devemos lembrar que vírgulas não podem separar ideias que se completam.

Correção comentada

Vamos analisar as vírgulas seguindo duas dicas importantes:
– vamos identificar as orações e seus sujeitos e separá-las[16];
– analisar a relação de entre as ideias a partir da sua estrutura.

Nesse período temos 6 orações e para separá-las identificamos seus verbos (negrito) e os seus sujeitos ou que possuem função de sujeito (sublinhados).

Apesar de <u>Ana</u> **ter estudado** muito e (<u>Ana</u>) **ter** se **esforçado** para **conseguir** uma nota alta na prova, (Ana) **acabou** não **alcançando** o resultado desejado, o que (<u>Não atingir boas notas</u>) a **deixou** bastante **desanimada** e **preocupada** com seu desempe-

---

[16] A separação em orações feitas no comentário não separa as orações subordinadas reduzidas.

nho acadêmico futuro, porque (Ana) **sabe** que <u>a concorrência no mercado de trabalho</u> **está** cada vez mais acirrada e que <u>um bom desempenho na universidade</u> é fundamental para garantir um bom emprego no futuro."

Oração 1 - Apesar de <u>Ana</u> **ter estudado** muito
Oração 2 - (<u>ela</u>) **ter** se **esforçado** para **conseguir** uma nota alta na prova,
Oração 3 - (<u>ela</u>) **acabou** não **alcançando** o resultado desejado.
Oração 4 - (<u>Não atingir boas notas</u>) a **deixou** bastante desanimada
Oração 5 - (a deixou) **preocupada** com meu desempenho acadêmico futuro,
Oração 6 - (<u>Ela</u>) **sabe**
Oração 7 - <u>a concorrência no mercado de trabalho</u> **está** cada vez mais acirrada
Oração 8 - <u>um bom desempenho na universidade</u> é fundamental para garantir um bom emprego no futuro."

Temos 6 orações.
A **primeira vírgula** colocada está entre as orações 2 e 3. As orações 1 e 2 estão ligadas pela conjunção aditiva "e", por isso não necessitam de vírgula. A vírgula também tem a função de adicionar ideia como ocorre com a conjunção "e".
A oração 3 completa a ideia das orações 1 e 2 apresentando a oposição entre elas. Observe que a oração 1 é iniciada por uma conjunção subordinada concessiva, pois exprime um fato contrário. Há duas ideias com o mesmo sujeito:
– a de Ana ter estudado e se esforçado
– a de Ana não ter conseguido boas notas.
O uso da vírgula, além de indicado pelo fato de a oração subordinada vir antes da principal, é necessário para a organização de duas ideias que apesar de se completarem, possuem intenções diferentes.

– Ana estudou e se esforçou
– Ana não conseguiu boas notas

As **segunda e terceira vírgulas** estão separando a oração 4, pois ela conclui (consequência) como Ana se sentiu com o resultado: desanimada e preocupada. A última oração também tem a função de explicar a causa do desânimo de Ana: a concorrência do mercado de trabalho.

"o que a deixou bastante desanimada e preocupada com seu desempenho acadêmico futuro, porque sabe que a concorrência no mercado de trabalho está cada vez mais acirrada e que um bom desempenho na universidade é fundamental para garantir um bom emprego no futuro.

4 - Agora leia o período a seguir e pontue corretamente com a vírgula e o ponto:

"O mundo em que vivemos é extremamente complexo e multifacetado e tem uma infinidade de problemas e desafios que precisam ser enfrentados diariamente há questões socioeconômicas e políticas e desafios ambientais e de saúde pública isto exige uma abordagem holística e colaborativa por parte das comunidades globais governos organizações e indivíduos a fim de que se possa garantir um futuro sustentável e próspero para as gerações presentes e futuras."

Correção comentada

Vamos analisar da mesma forma que fizemos no exercício anterior: localizando verbos (em negrito) e sujeitos ou ideias que representam o sujeito dos verbos (sublinhadas):

"O mundo em que **vivemos** é extremamente complexo e multifacetado e (o mundo) **tem** uma infinidade de problemas e desafios que **precisam ser enfrentados** diariamente **há** questões socioeconômicas políticas e desafios ambientais e de saúde pública isto **exige** uma abordagem holística e colaborativa por parte das comunidades globais governos organizações e indivíduos a fim de se **possa garantir** um futuro sustentável e próspero para as gerações presentes e futuras."

A pontuação adequada nesse período é a seguinte:

"O mundo em que **vivemos** é extremamente complexo e multifacetado e (o mundo) **tem** uma infinidade de problemas e desafios que **precisam ser enfrentados** diariamente. **Há** questões socioeconômicas, políticas e desafios ambientais e de saúde pública. Isto **exige** uma abordagem holística e colaborativa por parte das comunidades globais, governos, organizações e indivíduos, a fim de se **possa garantir** um futuro sustentável e próspero para as gerações presentes e futuras."

Temos nesse período ideias que envolvem: o mundo, as questões e os desafios.

- **mundo** complexo e multifacetado com problemas e desafios que precisam ser enfrentados
- **questões** socioeconômicas, políticas e desafios ambientais e de saúde pública.
- **desafios** que exigem abordagem holística e colaborativa por parte das comunidades globais, governos, organizações e indivíduos com o objetivo de garantir um futuro sustentável e próspero para as gerações presentes e futuras.

Por essa razão o uso do ponto é o mais adequado para separar estas ideias.

Quanto às vírgulas, foram usadas para separar elementos de uma enumeração:

"socioeconômicas, políticas" e "comunidades globais, governos, organizações".

E foram usadas para separar a oração adverbial de finalidade: "a fim de que possa garantir um futuro sustentável e próspero para as gerações presentes e futuras."

5 - Leia o trecho a seguir e analise-o em relação ao uso correto dos verbos: fazer, haver e ser.

Ontem, fomos ao futebol. Faziam muitos anos que não frequentávamos um estádio. Quando entramos, haviam muitas pessoas lá. Nosso time entrou em campo com muita energia, mas o resultado não foi muito favorável para nós, porque perdemos. Pois é, nem tudo é glórias.

> **O que é importante observar nessa análise**
> Devemos observar que verbos impessoais não devem ser conjugados.

Correção comentada

Ontem, fomos ao futebol. **Fazia** muitos anos que não frequentávamos um estádio. Quando entramos, **havia** muitas pessoas lá. Nosso time entrou em campo com muita energia, mas o resultado não foi muito favorável para nós, porque perdemos. Pois é, nem tudo **são** glórias.

O verbo fazer está deve estar no singular, porque sempre que ele indica tempo, é singular. No caso o tempo está marcado por 'ano'. O verbo haver deve estar no singular, pois por ser o verbo principal ele é impessoal e fica na terceira pessoa. Por fim, o verbo ser fica no plural, porque o sujeito é o pronome tudo.

(Exercícios indicados para realizar após capítulo 4)

6 - Leia o texto a seguir e reflita sobre a sua organização e identifique quais problemas encontrou em sua coesão referencial:

"Todas as crianças adoram brincar. Elas passam horas se divertindo e não querem parar. Quando uma criança está brincando, ela se envolve completamente na atividade. Às vezes, as crianças brincam com brinquedos, mas outras vezes elas preferem jogos ao ar livre. No parque, elas correm, pulam e se divertem. À medida que as crianças crescem, elas descobrem novas formas de brincar. Ele se tornam mais criativas e inventam jogos com regras próprias. Uma coisa é certa: brincar é essencial para o desenvolvimento infantil. Eles aprendem a compartilhar, a resolver problemas e a socializar. Quando as crianças brincam, elas estão felizes e isso é contagiante. Portanto, é importante incentivar a brincadeira e proporcionar um ambiente seguro para que elas possam explorar sua imaginação."

> **?**
> *O que é importante observar nessa análise*
> A presença dos pronomes como substitutos dos nomes.

Correção comentada

Nessa redação, há problemas de coesão referencial, pois não há uma clara continuidade e referência dos pronomes em relação às crianças. As trocas entre "elas", "uma criança" e "eles" tornam a redação confusa e dificultam a compreensão. Além disso, a falta de uma conexão mais clara entre as ideias resulta em uma estrutura fragmentada.

Para melhorar a coesão referencial, a redação pode ser reescrita da seguinte forma:

"Todas as crianças adoram brincar. Elas passam horas se divertindo e não querem parar. Quando uma criança está brincando, ela se envolve completamente na atividade. Algumas preferem brincar com brinquedos, enquanto outras optam por jogos ao ar livre. No parque, correm, pulam e se divertem. À medida que crescem, descobrem novas formas de brincar, tornando-se mais criativas e inventando jogos com regras próprias. Uma coisa é certa: brincar é essencial para o desenvolvimento infantil. Através das brincadeiras, as crianças aprendem a compartilhar, resolver problemas e socializar. Quando estão brincando, estão felizes e isso é contagiante. Portanto, é importante incentivar a brincadeira e proporcionar um ambiente seguro para que possam explorar sua imaginação."

Na nova versão, os pronomes foram utilizados de forma mais consistente e claro, permitindo uma melhor compreensão das informações. Além disso, foi estabelecida uma sequência mais coesa e conectada entre as ideias, proporcionando uma melhor fluidez na redação.

7 - Nessa crônica, existem alguns problemas gramaticais. Identifique-os:

"Ontem eu vi uma cena muito engraçado. Um homem andava na rua cantando e dançando, como se fossem o dono do mundo. As pessoas olhava para ele com admiração e estranheza. Eu pergunto para um senhor o que estava acontecendo e ele respondeu que aquele homem estava feliz porque ele tinha ganhado na loteria. É incrível como o dinheiro mudam as pessoas, não é mesmo?"

> **❓ O que é importante observar nessa análise**
> Deve-se observar a concordância verbal e nominal.

Correção comentada

1. "Uma cena muito engraçado" – **Problema de concordância nominal** – O adjetivo "engraçado" deve concordar com o substantivo "cena" no gênero, portanto, o correto seria "uma cena muito engraçada".
2. "Cantando e dançando, como se fossem o dono do mundo" – **Problema de concordância verbal** – Há uma discordância de tempo verbal entre "cantando" e "fosse". A correção seria: "como se fosse o dono do mundo".
3. "As pessoas olhava" – **Problema de concordância verbal** – O verbo "olhava" está no singular, mas deve concordar com o sujeito plural "pessoas". A correção seria: "As pessoas olhavam".
4. "Eu pergunto para um senhor" – **Problema de concordância verbal** – O verbo "pergunto" está no presente, mas deveria estar no passado para concordar com "eu". A correção seria: "Eu perguntei para um senhor".
5. "É incrível como o dinheiro mudam as pessoas, não é mesmo?" - **Problema de concordância verbal** – o verbo deveria estar no singular, porque o sujeito é 'dinheiro'.

Após as correções, a crônica ficaria assim:
"Ontem eu vi uma cena muito engraçada. Um homem andava na rua cantando e dançando, como se ele fosse o dono do mundo. As pessoas olhavam para ele com admiração e estranheza. Eu per-

guntei para um senhor o que estava acontecendo e ele respondeu que aquele homem estava feliz porque ele tinha ganhado na loteria. É incrível como o dinheiro muda as pessoas, não é mesmo?"

8 - Leia a crônica a seguir e organize os parágrafos na ordem correta:

- O sol surge tímido por entre os arranha-céus, lançando seus raios dourados sobre o horizonte urbano. O despertar da cidade é acompanhado pelo eco dos alarmes dos carros e pelos passos apressados dos transeuntes, cada um com sua missão a cumprir. No café da esquina, o aroma do café recém-passado mistura-se com o cheiro de pão fresco, atraindo a clientela ávida por uma dose de energia matinal.
- Assim termina mais um dia em uma grande cidade, com suas complexidades e belezas entrelaçadas. Amanhã, as ruas voltarão a ser inundadas pela multidão, os carros seguirão em suas correrias e as histórias continuarão a se desdobrar. Enquanto isso, a cidade permanece como um palco onde cada indivíduo desempenha seu papel, construindo o enredo de uma metrópole em constante movimento.
- Em meio ao turbilhão de concreto, trânsito frenético e multidões apressadas, um dia se desenrola na imensidão de uma grande cidade. É nesse cenário cosmopolita, repleto de histórias entrelaçadas, que embarco em minha crônica.
- Enquanto percorro as ruas, noto a diversidade que preenche cada esquina. Os rostos dos pedestres revelam histórias distintas, trajetórias que se cruzam por um breve momento, compartilhando o mesmo espaço. Há os executivos imersos em suas preocupações, os estudantes ansiosos por conhecimento, os artistas em busca de inspiração e os turistas encantados com a grandiosidade da metrópole.
- Além disso, vejo os prédios imponentes que parecem tocar o céu, enquanto as vitrines chamativas exibem a última moda e as novidades tecnológicas. É uma cidade que nunca dor-

me, onde a vida pulsa a todo momento, a todo instante. Os sons dos carros, das buzinas e dos vendedores ambulantes criam uma sinfonia caótica, porém vibrante, que embala o dia a dia daqueles que habitam esse microcosmo urbano.
- A cidade se transforma. As luzes dos letreiros piscam, anunciando a chegada da noite e trazendo consigo uma nova energia. Os bares e restaurantes ganham vida, abrigando encontros e celebrações. Os teatros e cinemas convidam os amantes da arte a embarcar em histórias fictícias, temporariamente esquecendo a realidade agitada do lado de fora.
- No fim do dia, quando as luzes se apagam e o movimento diminui, a grande cidade recolhe-se em um breve momento de silêncio. Os moradores cansados encontram seus lares, enquanto os sonhadores contemplam o horizonte, imaginando o que o amanhã trará. A cidade, que muitas vezes pode parecer fria e impessoal, guarda em seu âmago uma infinidade de histórias, sonhos e possibilidades.
- Em meio ao barulho, há o silêncio de parques e praças, pequenos oásis em meio à selva de concreto, pessoas encontram refúgio. Crianças correm e riem livremente, casais apaixonados se abraçam sob a sombra das árvores, idosos encontram um momento de paz para descansar. O verde rompe a rigidez da cidade, proporcionando um alívio para os olhos e um respiro para a alma. O sol vai se pondo, enquanto a tarde avança.
- Assim termina mais um dia em uma grande cidade, com suas complexidades e belezas entrelaçadas. Amanhã, as ruas voltarão a ser inundadas pela multidão, os carros seguirão em suas correrias e as histórias continuarão a se desdobrar. Enquanto isso, a cidade permanece como um palco onde cada indivíduo desempenha seu papel, construindo o enredo de uma metrópole em constante movimento.

> **?**
>
> **O que é importante observar nessa análise**
> Devemos observar o gênero e a tipologia predominante do texto.

Correção comentada

Para colocarmos na ordem correta temos de entender o gênero e o enredo do texto. Essa é uma crônica e por isso um texto predominantemente narrativo. Como já sabemos, o texto narrativo tem como principal característica a passagem do tempo: um antes, durante e depois. Então, ao ler os parágrafos temos de verificar qual é a sequência temporal do enredo.

É uma crônica que traz o relato de um passeio em uma cidade grande. O primeiro parágrafo tem marcas discursivas bem destacadas, quando o autor explica o que vai falar em sua crônica:

– Em meio ao turbilhão de concreto, trânsito frenético e multidões apressadas, um dia se desenrola na imensidão de uma grande cidade. É nesse cenário cosmopolita, repleto de histórias entrelaçadas, que embarco em minha crônica.

Como segundo parágrafo temos aquele que relata o nascer do dia. Pois se é a crônica de um dia, o nascer vem antes do anoitecer.

– **O sol surge tímido por entre os arranha-céus**, lançando seus raios dourados sobre o horizonte urbano. O **despertar da cidade** é acompanhado pelo eco dos alarmes dos carros e pelos passos apressados dos transeuntes, cada um com sua missão a cumprir. No café da esquina, o aroma do café recém-passado mistura-se com o cheiro de pão fresco, atraindo a clientela ávida por uma dose de energia matinal.

<u>**Agora, observe as marcas de tempo e de termos de coesão sequencial dos demais parágrafos.**</u>
- **Enquanto percorro as ruas**, noto a diversidade que preenche cada esquina. Os rostos dos pedestres revelam histórias distintas, trajetórias que se cruzam por um breve momento, compartilhando o mesmo espaço. Há os executivos imersos em suas preocupações, os estudantes ansiosos por conhecimento, os artistas em busca de inspiração e os turistas encantados com a grandiosidade da metrópole.

Esse é o terceiro parágrafo, porque os demais possuem marcas que não permitem que estejam anteriores a esse. Veja, que ele percorre admirando a cidade.

- **Além disso**, **vejo os prédios imponentes** que parecem tocar o céu, enquanto as vitrines chamativas exibem a última moda e as novidades tecnológicas. É uma cidade que nunca dorme, onde a vida pulsa a todo o momento, a todo instante. **Os sons dos carros, das buzinas e dos vendedores ambulantes criam uma sinfonia caótica, porém vibrante, que embala o dia a dia daqueles que habitam esse microcosmo urbano**.

Nesse parágrafo temos a conjunção "além disso" que indica que a ideia apresentada é continuidade de outra. Ele **vê prédios** e além disso **percorre ruas**.

Como esse parágrafo trata dos sons dos carros e da cidade, o próximo parágrafo será esse:

- **Em meio ao barulho**, há o silêncio de parques e praças, pequenos oásis em meio à selva de concreto, pessoas encontram refúgio. Crianças correm e riem livremente, casais apaixonados se abraçam sob a sombra das árvores, idosos encontram um momento de paz para descansar. O verde rompe a rigidez da cidade, proporcionando um alívio para os olhos e um respiro para a alma. **O sol vai se pondo, enquanto a tarde avança**.

O ponto de ligação entre o parágrafo acima e o que está a seguir é a questão do sol se pôr. Isso faz com que as luzes artificiais dos letreiros sejam acesas com a chegada da noite.

- A cidade se transforma. **As luzes dos letreiros piscam**, anunciando a **chegada da noite** e trazendo consigo uma nova energia. Os bares e restaurantes ganham vida, abrigando encontros e celebrações. Os teatros e cinemas convidam os amantes da arte a embarcar em histórias fictícias, temporariamente esquecendo a realidade agitada do lado de fora.

O último parágrafo e que marca o final da crônica relata o final de um dia em uma cidade.

- **No fim do dia**, quando as luzes se apagam e o movimento diminui, a grande cidade recolhe-se em um breve momento de silêncio. **Os moradores cansados encontram seus lares, enquanto os sonhadores contemplam o horizonte, imaginando o que o amanhã trará.** A cidade, que muitas vezes pode parecer fria e impessoal, guarda em seu âmago uma infinidade de histórias, sonhos e possibilidades.

O texto na sequência correta fica assim:

Em meio ao turbilhão de concreto, trânsito frenético e multidões apressadas, um dia se desenrola na imensidão de uma grande cidade. É nesse cenário cosmopolita, repleto de histórias entrelaçadas, que embarco em minha crônica.

O sol surge tímido por entre os arranha-céus, lançando seus raios dourados sobre o horizonte urbano. O despertar da cidade é acompanhado pelo eco dos alarmes dos carros e pelos passos apressados dos transeuntes, cada um com sua missão a cumprir. No café da esquina, o aroma do café recém-passado mistura-se com o cheiro de pão fresco, atraindo a clientela ávida por uma dose de energia matinal.

Enquanto percorro as ruas, noto a diversidade que preenche cada esquina. Os rostos dos pedestres revelam histórias distintas, trajetórias que se cruzam por um breve momento, compartilhando o mesmo espaço. Há os executivos imersos em suas preocupações, os estudantes ansiosos por conhecimento, os artistas em busca de inspiração e os turistas encantados com a grandiosidade da metrópole.

Além disso, vejo os prédios imponentes que parecem tocar o céu, enquanto as vitrines chamativas exibem a última moda e as novidades tecnológicas. É uma cidade que nunca dorme, onde a vida pulsa a todo momento, a todo instante. Os sons dos carros, das buzinas e dos vendedores ambulantes criam uma sinfonia caótica, porém vibrante, que embala o dia a dia daqueles que habitam esse microcosmo urbano.

Em meio ao barulho, há o silêncio de parques e praças, pequenos oásis em meio à selva de concreto, pessoas encontram refúgio. Crianças correm e riem livremente, casais apaixonados se abraçam sob a sombra das árvores, idosos encontram um momento de paz para descansar. O verde rompe a rigidez da cidade, proporcionando um alívio para os olhos e um respiro para a alma. O sol vai se pondo, enquanto a tarde avança.

A cidade se transforma. As luzes dos letreiros piscam, anunciando a chegada da noite e trazendo consigo uma nova energia. Os bares e restaurantes ganham vida, abrigando encontros e celebrações. Os teatros e cinemas convidam os amantes da arte a embarcar em histórias fictícias, temporariamente esquecendo a realidade agitada do lado de fora.

No fim do dia, quando as luzes se apagam e o movimento diminui, a grande cidade recolhe-se em um breve momento de silêncio. Os moradores cansados encontram seus lares, enquanto os sonhadores contemplam o horizonte, imaginando o que o amanhã trará. A cidade, que muitas vezes pode parecer fria e impessoal, guarda em seu âmago uma infinidade de histórias, sonhos e possibilidades.

Assim termina mais um dia em uma grande cidade, com suas complexidades e belezas entrelaçadas. Amanhã, as ruas voltarão a ser inundadas pela multidão, os carros seguirão em suas correrias e as histórias continuarão a se desdobrar. Enquanto isso, a cidade permanece como um palco onde cada indivíduo desempenha seu papel, construindo o enredo de uma metrópole em constante movimento.

(Exercícios indicados para realizar após capítulo 6)

9 – Complete as frases com ou sem a crase, conforme apropriado:
   a) Eu vou à/na praia todos os fins de semana.
   b) Ela foi à/na festa de aniversário do amigo.
   c) Vou à/na escola estudar para a prova.
   d) Eles foram à/na reunião do trabalho.

Correção comentada

Nestas orações temos o verbo ir. Esse verbo é transitivo indireto e por isso pede a preposição a em sua regência. "Quem vai, vai a algum lugar". E se usarmos a dica de trocarmos a palavra a que se refere o verbo por uma palavra masculina, teremos a indicação de que há preposição e artigo. Como você já sabe, o à é a junção do 'a' preposição com o 'a' artigo definido feminino. Essa junção ocorre com o 'a' preposição com o 'o' artigo definido masculino, formando "ao".

Veja:
   a) Eu vou à praia todos os fins de semana.
      Eu vou **ao** clube todos os fins de semana.
   c) Ela foi à festa de aniversário do amigo.
      Ela foi **ao** aniversário do amigo.
   d) Vou à escola estudar para a prova.
      Vou **ao** colégio estudar para a prova.
   e) Eles foram à reunião do trabalho.
      Eles foram ao encontro do trabalho.

10 - Indique se há crase nas seguintes frases:

a) Agradeço a atenção as minhas palavras.
b) O professor entregou os trabalhos as alunas.
c) Ela se referiu as pessoas presentes.

Correção comentada

a) Agradeço a atenção às minhas palavras.
   Agradeço a atenção **aos** meus conselhos.
b) O professor entregou os trabalhos às alunas.
   O professor entregou os trabalhos **aos** alunos.
c) Ela se referiu às pessoas presentes.
   Ela se referiu **aos** homens presentes.

Lembre-se de que a crase é utilizada quando ocorre a fusão da preposição "a" com o artigo definido feminino "a". É importante estar atento às situações em que a crase é obrigatória ou facultativa, de acordo com as regras da língua portuguesa.

11 - Faça o desenvolvimento do texto dissertativo a partir da introdução e conclusão a seguir:

Introdução:
A poluição é um dos maiores desafios ambientais que enfrentamos atualmente. Ela afeta negativamente nossa saúde, ecossistemas e qualidade de vida. Temos a necessidade de explorarmos os diversos aspectos da poluição e sua influência em nosso mundo, para assim poder destacar a urgência de ações coletivas para combater esse problema crescente.

Conclusão:
A poluição é um desafio global que requer ação imediata e coletiva. Precisamos reconhecer a gravidade dos impactos e trabalhar juntos para encontrar soluções sustentáveis. Ao adotar práticas am-

bientalmente conscientes e apoiar iniciativas de combate à poluição, podemos preservar o meio ambiente, proteger nossa saúde e garantir um futuro saudável para as gerações vindouras. Cada um de nós tem um papel importante a desempenhar nessa jornada, e é fundamental agir agora para criar um mundo livre da poluição.

> **?**
>
> **O que é importante observar nessa análise**
> Devemos observar a estrutura do texto dissertativo.

Correção comentada

Título: Impactos da Poluição: Um Chamado à Ação Coletiva

Introdução:
A poluição é um dos maiores desafios ambientais que enfrentamos atualmente. Ela afeta negativamente nossa saúde, ecossistemas e qualidade de vida. Através desta dissertação, exploraremos os diversos aspectos da poluição e sua influência em nosso mundo, destacando a urgência de ações coletivas para combater esse problema crescente.

Sugestões de desenvolvimento:
1. Definição e abrangência da poluição:
- A poluição pode ser definida como a introdução de substâncias prejudiciais ou mudanças no ambiente que causam impactos negativos.
- Explorar diferentes tipos de poluição, como poluição do ar, da água, do solo e sonora, e seus efeitos devastadores em seres humanos, animais e plantas.

2. Impactos da poluição na saúde humana:
- Discutir os efeitos da poluição do ar na saúde respiratória, como o aumento de doenças respiratórias, alergias e problemas cardiovasculares.
- Abordar os perigos da poluição da água para a saúde humana, incluindo doenças transmitidas pela água e contaminação de recursos hídricos essenciais.
- Destacar o impacto da poluição em áreas urbanas densamente povoadas e suas consequências para a saúde mental e emocional.
3. Ecossistemas ameaçados:
- Examinar como a poluição afeta os ecossistemas naturais, como oceanos, rios, florestas e áreas urbanas.
- Ilustrar os efeitos negativos da poluição em animais, plantas e biodiversidade em geral, incluindo extinção de espécies, desequilíbrio ecológico e degradação dos ecossistemas.
4. Causas e fontes da poluição:
- Analisar as principais causas da poluição, incluindo atividades industriais, transporte, agricultura intensiva e descarte inadequado de resíduos.
- Abordar a necessidade de regulamentações mais rigorosas, desenvolvimento de tecnologias limpas e adoção de práticas sustentáveis para reduzir a poluição em suas fontes.
5. Soluções e ações coletivas:
- Destacar a importância da conscientização e educação ambiental para combater a poluição.
- Promover a responsabilidade individual e coletiva na redução, reciclagem e reutilização de resíduos.
- Incentivar a transição para fontes de energia renovável e práticas agrícolas sustentáveis.
- Exemplificar iniciativas de sucesso, como políticas públicas eficazes, engajamento da comunidade e parcerias entre governos, setor privado e organizações não governamentais.

Conclusão:

A poluição é um desafio global que requer ação imediata e coletiva. Precisamos reconhecer a gravidade dos impactos e trabalhar juntos para encontrar soluções sustentáveis. Ao adotar práticas ambientalmente conscientes e apoiar iniciativas de combate à poluição, podemos preservar o meio ambiente, proteger nossa saúde e garantir um futuro saudável para as gerações vindouras. Cada um de nós tem um papel importante a desempenhar nessa jornada, e é fundamental agir agora para criar um mundo livre da poluição.

REFERÊNCIAS BIBLIOGRÁFICAS

ABREU, A. S. **Curso de redação**. SP: Ed. Ática, 2004.

AZEREDO, J. C. **Fundamentos da gramática do Português**. Rio de Janeiro, Ed. Zahar, 2010.

BAGNO, M. **Preconceito Linguístico:** o que é e como se faz. São Paulo: Loyola, 1999.

BAGNO, M. Norma-padrão brasileira: desembaraçando alguns nós. [In] BAGNO, Marcos (org.). **Linguística da norma**. São Paulo: Loyola, 2002, p. 37-61.

BAKHTIN, M. **Estética da Criação Verbal.** São Paulo, Martins Fontes, 1992.

BARROS, F. C. **Morfossintaxe**. São Paulo: Ed. Ática, 1986.

BECHARA, E. **Moderna Gramática Brasileira.** 34ª ed. São Paulo: Companhia Editora Nacional, 1992.

CÂMARA, Joaquim Mattoso. **Manual de expressão oral e escrita**. 28. ed. Petrópolis: Vozes, 2011. 165 p. ISBN 978-85-326-0323-4 (broch.).

CAMÕES, L. **Os Lusíadas**. Domínio Público. Disponível em http.www.dominiopublico.gov.br. Acesso em 22 de março de 2023.

CHOMSKY, NOAM. **Novos horizontes no estudo da linguagem e da mente**. Tradução Marco Antônio Sant'Anna. São Paulo: Editora UNESP, 2005.

CUNHA & CINTRA. **Nova Gramática do Português Contemporâneo**. Rio de Janeiro: Ed. Lexikon, 2017. Recurso Digital.

DICIO. Dicionário Online de Português. Disponível em: <https://www.dicio.com.br/figura/> Acesso em 20 de mar. de 2023.

GARCIA, O. M. **Comunicação em prosa moderna**. 13ª ed. Rio de Janeiro: 1986.

John R. Searle. **Os Actos de Fala:** Um Ensaio de Filosofia da Linguagem. Almedina, Coimbra, 1981.

LUCK, Heloisa. **Gestão Educacional**. SP: Cortez: 2006, p. 28-29.

MARTINS, Dileta Silveira; ZILBERKNOP Lúbia Scliar. **Português instrumental**. 26.ed. São Paulo: Atlas, 2010.

OLIVEIRA, K., CUNHA E SOUZA, HF., and SOLEDADE, J., orgs. **Do português arcaico ao português brasileiro: outras histórias [online]**. Salvador: EDUFBA, 2009. 329 p. ISBN 978-85-232- 0602-4. Available from SciELO Books.

PARRET, H. **Regularidades, Regras e Estratégias**. Unicamp. Revista Cadernos de Estudos linguísticos. v. 8, 1985. p. 5-29.

SARMENTO, L. **Gramática em textos**. São Paulo. Ed. Moderna, 2005.

SAUSSURE, F. **Curso de Linguística Geral**. São Paulo: Cultrix, 1982.

SAUTCHUK, Inez. **Prática de morfossintaxe**: como e por que aprender análise (morfo)sintática. 3. ed. – Barueri, SP: Manole, 2018.